KB069297

내 인생의
주인이
된다는 것

내 인생의 주인이 된다는 것

초 판 1쇄 2020년 03월 11일

지은이 정동주
펴낸이 류종렬

펴낸곳 미다스북스
총괄실장 명상완
책임편집 이다경
책임진행 박새연 김가영 신은서
본문교정 최은혜 강윤희 정은희 정필례

등록 2001년 3월 21일 제2001-000040호
주소 서울시 마포구 양화로 133 서교타워 711호
전화 02) 322-7802~3
팩스 02) 6007-1845
블로그 http://blog.naver.com/midasbooks
전자주소 midasbooks@hanmail.net
페이스북 https://www.facebook.com/midasbooks425

© 정동주, 미다스북스 2020, *Printed in Korea*.

ISBN 978-89-6637-770-1 03190

값 15,000원

내 인생의
주인이
된다는 것

정동주
지음

미다스북스

인생의 주인에게 묻다

인터넷에서 인생과 주인에 대한 검색을 하면 관련 포스팅과 서적들이 무수히 많음을 알 수 있다. 그뿐인가. 유명인들을 포함해서 관련 영상에 나온 사람들은 모두 오롯이 자기 삶을 살아가라고 한다. 지금은 너무나 당연한 정보의 바다 속에서 내가 찾고자 하는 답을 조금만 노력하면 손쉽게 찾을 수 있는 시대다.

그럼에도 다시 한 번 나는 내 책의 주제를 인생과 주인에 대한 내용으로 엮었다. 뻔하디뻔한 주제일 수 있다. 혹자는 식상하다 할 수도 있다. 주위에 손만 뻗으면 쉽게 구할 수 있는 류의 주제에 대해 또다시 논하는 것은 정보의 반복에 지나지 않는 것이라며 의문을 가질 수 있다.

손쉽게 인터넷 검색이나 여러 매체를 통해 얻어낼 수 있는 주제임에도 주위를 둘러보면 그렇게 살지 않는 또는 그렇게 살지 못하는 사람들이 대다수다. 불평불만을 매일매일 한가득 쏟아내면서도 억지스럽게 사회의 시스템 속에서 본인의 시간을 희생하며 살아가고 있다. 연말이 되면 어느덧 훌쩍 지나버린 1년 동안 무엇을 했는지조차도 제대로 기억해내지 못한다. 매년 그저 그렇고 그런 똑같은 반복으로 지내는 세월이다. 1년이 그러한데 매일의 삶은 그와 다를 것이 없다.

저자인 나도 특별히 다를 바 없었다. 여느 40대 사회인처럼 가정과 회사의 반복된 삶 속에서 주말이 주는 달콤함만 기다리는 일관된 생활을 해왔다. 별 볼일 없는 잔잔함 그 자체였다. 그러던 어느 순간 내 삶에 던져진 뾰족한 돌멩이 하나가 크나큰 물결을 일으켰다. 그리고 그 물결은 쓰나미와 같이 내 삶을 송두리째 집어삼키려 했다. 그로 인해 익사 직전까지 가던 마지막 순간 정신을 차리고 보니 그것은 나를 통째로 삼켜버리려고 한 쓰나미가 아니었다. 흐르지 않고 오랜 시간 고여 있어 '잔잔하다'는 표현이 아니라 썩어가던 나를 새로운 세계로 다시 흘러갈 수 있게 인도해준

크나큰 너울이었다.

'인생과 주인'이란 주제에 대해 예고 없이 닥친 시련을 새로운 관점을 통해 기회로 만들어가고 있는 경험을 언어로 다시 풀어보고 싶었다. 나의 이야기를 많은 이들에게 풀어놓는 것은 쉬운 결정이 아니었다. 하지만 이 책을 통해 다만 몇 명이라도 자신이 익사해가고 있다고 생각하는 관점을 달리하여 본인만의 새로운 삶을 찾아갈 수 있는 용기와 마음을 가지게 된다면 나로서는 더없이 행복할 것이다.

나는 운영하는 유튜브 '정차장TV'에서 항상 "평범한 직장인에게 날개를 달자."라는 오프닝으로 영상을 시작한다. 과연 평범함이란 무엇일까. 평범함은 '지금의 상태를 유지하는 것'이라고 말한다.

2008년 세계 경제 위기를 겪으며 새로 등장한 경제 용어 중 '뉴 노멀(New normal)'이란 말이 있다. 기존과 다른 새로운 기준을 확립해야 한다는 의미로 이해된다. 우리의 삶도 마찬가지다. 1990년대 말 IMF를 기점으로 기업의 경영 전략은 무한 성장보다는 '생존'을 위한 '실적' 위주의 경영으로 바뀌기 시작했다. 기업이 비용과 이익을 경영의 최우선으로 손꼽으면서 조직도 효율과 최적화로 재개편되었다. 청년의 취업난이 본격적으로 사회 문제로 대두되기 시작한 것이 바로 이때부터이다.

정규 교육 과정을 마치면 회사의 피고용인으로 취직해야 하는 것이 당연하던 예전과는 다르다. 취직은 필수가 아닌 선택이 되었고 1인 창업 등 경제 활동에 대한 패러다임이 바뀌고 있다. 직장인들 또한 마찬가지다. 더 이상 회사가 나의 인생을 보장해주지 못한다. 불확실성이 더욱 커지는 요즘, 지금의 사회 시스템 속에서 '평범함(노멀)'의 의미는 수동적으로 살아가는 세대가 아닌 내 삶에 능동적이고 자기 주도적인 태도를 뜻하는 '새로운 평범함(뉴 노멀)'으로 가치 체계가 바뀌어야 하지 않을까.

이런 의미에서 내 인생의 진짜 주인공으로 살아간다는 것은 지금 나에게 던지는 매우 가치 있는 질문이 아닐까 싶다.

2020년 2월 정동주

목 차

4장 삶의 중심을 나로 세우는 7가지 원칙

5장 가장 나답고 내가 좋아하는 나로 성장한다

1 장

나는
왜 자꾸
우울할까

1

되돌릴 수
없는 꿈들

아버지라는 단어가 주는 가장의 무게

'엄마 말을 잘 듣자.' 오래전 직장 상사로 계셨던 분이 아이의 학교에서 내준 가훈 적어오기 숙제로 제출했다고 하는 그 집안의 가훈이다. 집안에서 가장의 자리가 점점 축소되고 있다. 직상 상사가 매우 진지하게 말씀하셨던 그 집안의 가훈은 가장의 위치가 바뀌어가고 있음을 반증하는 사례이다.

남자들은 성인이 되어서도 아이라고 한다. 오죽하면 남편이 아니라 아들이라고 하겠는가. 가족 구성원 모두 그 위치에서 그들의 역할을 다하고 있다. 그중 가장은 집안에서 가장 많은 책임을 가지고 있는 만큼 그 무게가 무겁다. 특히 우리의 아버지들은 대가족의 생계를 위해 사회라는 전쟁터로 매일 아침 목숨을 걸고 집을 나섰을 것이다. 전장에서 총, 칼을 피하느라 지친 몸으로 겨우 집으로 돌아왔을 때는 살아 돌아왔다는 안도감에 비로소 긴장이 풀어지고 철없는 아이가 되고 싶었으리라.

"아주 오래전 내가 올려다 본 그의 어깨는 까마득한 산처럼 높았다. 그는 젊고 정열이 있었고 야심에 불타고 있었다. 나에게 그는 세상에서 가장 강한 사람이었다."라고 시작하는 신해철의 '아버지와 나 Part 1'이라는 노래가 있다. "매일 가족의 생계를 책임지기 위해 출퇴근을 반복하다 보면 어느 샌가 가족에게 소외받고 그저 돈 벌어오는 자로 전락하여 집안 어느 곳에서도 설 자리가 없다. 그의 존재를 가볍게 여기는 아내와 자식들 앞에서 권위를 지키기 위해 마지막 남은 침묵이라는 방법을 쓰는 사람일 뿐이다."라고 아버지의 모습을 잔인하면서도 사실적으로 묘사했다.

사춘기가 한창인 중학생 시절 이 노래를 처음 접하며 적잖이 놀랐다. 중학생 시절 아버지의 모습은 여전히 당당하고 목소리에 위엄이 넘치셨으며 나를 바라보는 눈빛은 강렬했다. 어느 샌가 내 키가 커가면서 높기만 하던 아버지의 어깨를 내려다보게 되었다. 내가 큰 것인지 그분이 작아지신 것인지 거인의 손처럼 느껴졌던 아버지의 손은 내 손바닥으로 감쌀 수 있을 만큼 작아졌다. 당당하기만 했던 그분의 눈빛은 언제인가부터 점점 아래로 처지기 시작했다.

아버지의 존재가 작아지기 시작하면서 우리는 크리스마스에도, 12월 31일의 타종식에도 아버지의 모습을 보기가 어려웠다. 언젠가 막내 누나의 생일날 밥상을 차려놓고 가족 모두 아버지를 기다렸으나 오지 않으셨다. 전화를 여러 차례 해도 곧 들어오신다는 성의 없는 대답뿐이었다. 그때 가족이 아버지에게 느낀 서운한 감정은 헤아릴 수 없을 만큼 컸다. 그렇게 아버지는 가족 대신 주변 지인들을 택하셨고 그분과 함께하는 시간들이 가족과의 시간보다 점점 많아지셨다. 그렇게 아버지와 식구들과의 거리는 점점 멀어져갔다.

2014년 7월이었다. 가족에게 점점 소외당하던 아버지는 갑작스런 간암으로 약 1년간의 투병 끝에 돌아가셨다. 왜 그러셨는지 투병 기간 중 아버지는 유독 가족에게 정을 드러내지 않으셨다. 흔히 드라마나 영화에서 시한부의 주인공이 그동안 못다 한 사랑을 표현하는 모습과는 너무나 거리가 멀었다. '아버지, 제발 한 번쯤은 속 깊은 사랑의 말 좀 해주세요.'라며 속으로 빌었으나 현실에서는 그 일이 일어나지 않았다.

의식 없이 호흡만 내쉬던 중환자실에서의 아버지의 마지막 모습은 내가 어릴 때 기억하던 세상을 모두 다 가진 듯한 당당함과 건장한 모습과는 거리가 멀었다. 암세포가 폐까지 전이되어 당신의 생각을 미처 말로 뱉어내지 못하시던 어느 날이었다. 늦은 밤 아버지를 간병하는 중에 '네가 간병 아줌마보다 훨씬 낫다.'라고 힘겹게 글씨로 옮기시고 한쪽 눈을 찡긋 윙크하며 웃으시던 아버지가 아직도 눈에 선하다. 한국 전쟁 때의 부상으로 오른팔을 잃으신 아버지는 병환 중에 글씨로 표현하는 것조차 버거워하시던 때였다. '그 따뜻한 표현을 왜 하필 말씀도 못하시는 지금 비로소 표현하십니까?'라며 속으로 참 많이 울었다. 이제 와서 돌이켜 보면 가장으로서 평생을 바친 당신을 인정해주지 않는 듯한 가족에 대한 서운함과 외로움 때문이지 않았을까.

아버지의 호흡기를 떼며 사망 선고를 하는 의사 앞에서 어머니는 미안하다며 정말 미안하다며 그동안 맘속 깊이 있던 모든 것을 토해내셨다. 아버지께 그동안 자존심 때문에 차마 못하셨던 그 말씀을 어머니는 그렇게 힘겹게 반복하셨다. 내가 영안실로 아버지를 안치할 때도, 화장장에서 아버지의 관이 화염에 재로 변해갈 때도 어머니와 누나들은 죄송하다며 눈물을 쏟아냈다. 그중 내가 할 수 있는 것은 어머니와 누나들을 끌어안는 것뿐이었다.

위로 누나가 셋인 막내이자 한 가정의 장남인 나는 절대 무너지면 안 됐다. 아버지가 눈을 감는 순간까지 나에게 부탁하고자 했던 건 아버지를 대신한 가장의 역할이었으리라. 나는 무슨 일이 있어도 무너지지 않고 어머니와 누나들을 지키리라. 아버지를 보내드리는 장례식장에서 그렇게 나는 어금니를 깨물며 울음을 참아냈다. 그것이 이제부터 내가 버텨야 할 무게이리라. 그때부터 나는 내 감정을 억누르고 숨겼다.

나이가 들고 결혼을 하고 아이들이 생기고 한 가족의 가장이 된 후에서야 아버지가 예전에 했던 행동이 조금씩 이해가 가기 시작했다. 왜 나는 아버지가 돌아가시고 한참이 지나 소주의 쓴맛을 즐길 줄 아는 나이가 되어서야 비로소 아버지의 마음을 이해하게 되었을까. 가족을 지키기 위해 애써 하고 싶은 말을 소주 한 잔으로 삼키셨던 아버지의 마음, 가족의 생계를 책임지기 위해 동분서주한데도 소외당하는 듯한 기분이 들 때 서운하셨을 아버지의 마음. 후회만 밀려올 뿐이었다.

아버지는 돌아가실 때까지 가족에게 유언 한마디 못 하시고 가족 곁을 떠나셨다. 자식으로서 가슴 아프고 맘속으로 혼자 울었던 이유이기도 했다. 아버지 장례를 치르고 며칠 뒤 어머니는 넌지시 내 책상 위에 뭔가를 올려놓으셨다. 아버지의 손 편지였다. 아버지가 중환자실로 실려가기 전 본인도 뭔가 곧 다가올 상황을 예상하셨던 듯했다. 어머니가 건넨 아버지의 손 편지에는 빼곡히 내가 앞으로 어떻게 살아가야 할지에 대해 적혀 있었다. 아버지는 불편한 왼손으로 한 글자 한 글자 기록하신 것이다.
20대 중반이었던 나에게 가장의 역할을 넘겨주시며 여러모로 걱정이 많이 되셨을 것이다. 아버지의 눈에는 여전히 어리기만 한 당신의 아내를 두고 먼저 가시기 힘드셨을 것이다. 어려서부터 참 예뻐했던 딸들에게 살가운 표현 한 번 더 못 하고 이별을 고하기 아쉬우셨을 것이다. 그래서 나에게 장문의 손 편지로 신신당부하셨을 것이다.

예상치 못한 시련에 부딪히다

아버지가 돌아가신 지 15년이 지났다. 이 책을 쓰고 있는 지금 나는 아이 두 명과 함께 어머니 댁에서 지내고 있다. 얼마 전만 해도 멀쩡히 네 명의 식구가 잘 지내던 작지만 추억이 가득했던 집도 처분하고 가족 구성원 중 한 명을 버린 채 어머니 댁으로 들어왔다. 아버지와 약속했던 가장의 역할을 다하지 못하고 가족과 살던 집이 산산조각이 나버리는 처참함이 불과 2년 전인 2018년도에 발생했다.

집사람에 대한 사실을 알게 된 2018년 5월은 끔찍한 악몽과 같았다. 차라리 꿈이었더라면 싶었다. 집사람은 결혼한 날부터 아니 연애 시절부터 나를 속여왔고 거짓이 또 다른 거짓이 되어 눈덩이처럼 불어나버렸다. 집사람은 나 몰래 빚을 진 상태로 결혼했고 매달 적잖은 돈을 나에게 말없이 친정에 가져다주었다.

그러다가 2018년 내 명의의 카드사로부터 수천만 원의 카드론이 있다는 안내전화를 받고 나서야 나는 집사람의 행태를 일부분 확인할 수 있었다. 집사람이 함구하는 약 한 달 동안 나는 곪은 현실을 파악하기 위해 스스로 뛰어다녔다. 부부 공동 명의로 해놓았던 집을 담보로 개인 사채를 사용했다는 사실, 몇 해 전 적금까지 해약하며 집사람에게 차려줬던 학원이 수많은 빚으로 거의 파산 상태라는 사실, 아이들 명의의 적금 보험을 담보로 대출을 받아 사용했다는 사실, 내 소유의 신용카드 여러 개로 카드론을 받으며 돌려막기를 했다는 사실, 그 덕에 내 신용이 거의 신용 불량자 수준까지 떨어져 있다는 것도 그제야 알았다.

결국 집사람을 포기하기로 마음먹은 것은 오랫동안 아이들의 유치원 등록비와 초등학교 활동비마저 다른 곳에 유용하여 교육 시설로부터 독촉 우편이 오고 담당 선생님으로부터 전화를 받은 이후다. 악몽 같은 시간에 경황이 없어 운전 중 교통사고가 발생한 적도 있다. 나의 통원 치료 청구를 위해 내가 가입된 보험사에 연락을 취하였더니 집사람이 내 보험을 해약하고 해약금을 수령해갔다고 했다. 순간 가장으로 정말 죽고 싶다는 심정이었다. 그렇게 집사람을 포기하고 아이들에게 눈물로 사죄하며 집을 처분하고 아이들과 함께 어머니 댁으로 들어간 지 이제 1년이 조금 넘었다.

아버지와의 약속을 꼭 지키고 싶었다. 아버지의 약속이 아니라도 그저 평범한 대한민국의 가장으로서 경제적으로 여유롭진 않아도 서로 부대끼며 아이들 커가는 모습을 바라보는 것이 행복이라 생각했다. 하지만 이제 다시는 되돌릴 수 없는 꿈이 돼버렸다.

나는 가끔 힘이 들 때면 아버지가 등산 가실 때 항상 차로 모셔다드렸던 북한산 도선사 주차장에서 우두커니 밤하늘과 등산로 입구를 번갈아 바라본다. 그곳엔 무수히 많은 별들이 나를 비추고 있고 나에게 다녀오겠다며 손짓하시던 아버지가 계신다.

"아픔을 동반하지 않는 교훈에는 의의가 없다. 사람은 어떤 희생 없이는 아무것도 얻을 수 없으니까."

– 『강철의 연금술사』 중에서

2

오늘도 고로운
상태입니까

각자가 생각하는 행복의 기준

유럽계(스웨덴) 회사에 종사하는 덕에 해외 여러 국가의 직원들과 업무를 보는 경우가 많다. 특히 서유럽 국가 직원들과의 업무가 많은 편이다. 한 번은 중요한 프로젝트를 진행하는 중에 한국인으로서 도저히 이해하기 어려운 일을 겪었다. 프로젝트 거의 막바지 단계에서 문제가 발생한 것이다. 고객사 담당은 양산 직전에 발생한 문제에 대해 재빠른 조치를 요구했다. 프로젝트의 설계 조직이 프랑스에 있었던 터라 부랴부랴 프랑스 팀과 회의를 소집했다. 근데 아무런 회신이 없었다. 다급해진 마음에 사무실과 휴대폰으로 전화를 시도해봤지만 연락이 닿지 않았다.

참다못해 프랑스 연구소장에게 연락을 취하고 나서야 이유를 알 수 있었다. 당시가 8월이었는데 한 달간 여름휴가를 떠났다는 것이다. 그는 덧붙여서 담당 직원이 휴가 중이라 연락이 어려울 수 있다고 말했다. 한국에서는 심각한 문제에 발을 동동 구르고 있는데 유럽에서는 느긋하게 여름휴가를 즐기고 있다니, 그것도 중요 프로젝트 마감을 막바지에 둔 채 말이다. 다행히 약 이틀 후에 휴가 중인 담당자에게 문제 해결에 대한 회신이 왔다. 프랑스 연구소장은 휴가 중에 회신한 그 직원을 치하했다.

도저히 이해가 가지 않는 상황이었다. 우리나라 같으면 프로젝트 중에 휴가를 가는 것도 어려울 뿐더러 문제가 생겼다면 당장 휴가에서 복귀해 문제 해결에 집중해야 한다. 서유럽 국가에서는 여름휴가를 한 달씩 떠나는 게 일반적이다. 그뿐인가, 연말에는 크리스마스를 끼어서 한 달씩 휴가를 떠난다. 같은 이름의 회사를 다니면서도 근무하는 나라에 따라 근무 환경이 이렇게나 다르다니 그들이 부럽기도 하고 내 처지가 안타깝기도 했다.

오랫동안 유럽 직원들과 일을 해본 경험으로 유럽은 사생활을 충분히 존중해준다. 반면에 한국은 조직 문화를 강조하고 개인의 헌신을 당연시 여긴다. 일과 사생활을 철저히 분리하고 존중하는 그들만의 문화가 행복지수를 높여주는 이유 중 하나가 아닐까.

얼마 전 회사 후배와 점심을 같이하며 행복이란 주제에 대해 이야기를 나눴다. 어느 후배가 행복의 기준을 돈으로 환산하며 말했다. 본인의 현금 자산이 10억 이상이면 행복하다는 것이다. 그 후배는 통계에 입각한 객관적인 사실이라며 돈이 충분히 많으면 삶이나 생각도 여유로워지기 때문에 행복하다는 부연 설명을 했다.

다른 직원은 화목한 가족을 행복으로 손꼽았다. '수신제가치국평천하'라고 거창한 표현까지 해가며 결국 집안이 근심이 없고 화목하면 그것이 행복이라는 것이었다.

버텨내고 참아온 세월의 참혹한 대가

화목한 가정과 돈, 두 직원의 이야기에 모두 나름 공감이 갔다. 그 후배 직원들의 기준에 따르면 나는 행복한가?

나는 항상 소원을 빌 때 가장 먼저 소망하는 것이 가정의 화목이었다. 매일 새벽에 일어나 출근 준비를 하고 하루를 오롯이 회사에서 보내고 귀가하여 짧은 저녁 시간을 식구들과 보낸다.

이런 일상을 반복한 이유는 가장으로서 가정의 화목을 지키고 유지하고 싶기 때문이었다. 앞서 얘기한 서유럽 직원들의 사례와 달리 한국 사회에서는 개인보단 본인이 속해 있는 단체를 중시한다. 나 역시 지난 15년간 대부분의 내 소중한 시간을 회사에 헌신했다. 그것은 오로지 내 가족을 지키기 위함이었다.

그러나 지난 2018년 집사람과의 문제로 인해 그동안 내가 헌신해온 시간이 송두리째 물거품이 되어버렸다. 내가 반드시 지켜야 할 가족이 불안정한 상태로 해체되어버린 것이다. 나는 아이들과 어머니 댁으로 거처를 옮겼다. 양육권을 포기하고 위자료를 요구하던 집사람은 자기를 무시한다며 요새도 나에게 겁박 문자를 보낸다. 지난 세월 나는 20대 후반과 30대의 청춘을 그대로 녹여내며 가정을 지키고자 나를 헌신했다. 그런데 지금 내 나이 43살, 왜 나는 존중은커녕 지금은 남이 된 집사람에게 거친 욕과 협박의 메시지를 받아야 하는 것일까.

집사람은 나의 그동안의 시간을 송두리째 앗아간 사람이다. 사과 한마디 없고 오히려 나에게 거친 언행을 뱉어내고 있다. 차마 나도 그와 똑같은 행동으로 대응하지 않는 것은 아직 커가는 아이들을 위해서다. 또 내지나온 세월은 통째로 사라졌지만 최소한 나의 인격은 나 스스로 지켜주고 싶기 때문이다.

착하다는 소리를 많이 들어왔다. 참는 것이 미덕인 것처럼 주변에 휘둘리면서도 그저 쓴웃음과 인내로 버텨왔다. 내가 조금 참고 이해하면 세상이 평안할 것 같았다. 그렇게 버텨왔다. 그러는 동안 내 속엔 응어리가 생겼다. 내가 본 손해에 뒤돌아서 나 혼자 안타까워할 때도 있었다. 그럼에도 버텨온 것은 개인보다는 단체를 중시하는 사회에서 배운 덕목 때문이었다.

참고 버텨온 세월에 내게 돌아온 보답은 가혹했다. 얼마 전 할아버지 제사로 큰아버지 댁에 갔을 때였다. 어른들과 사촌들까지 모두 모여 있는 자리에서 막내 작은아버지가 갑자기 나에게 손가락질하며 "네가 뭔데 할아버지 제사에 왔냐?"라며 고함을 질렀다. 당장 나가서 다시는 나타나지 말라는 소리는 몇 분간 계속해서 이어졌다. 너무나 황당했다. 돌아가신 아버지를 모시기 위해 명절 때는 큰댁에 가지 못한다. 그래서 할아버지 할머니 제사 때는 반드시 참석했었다. 아버지가 없다는 이유, 내가 그저 착하게 살아왔다는 이유, 더욱이 이제는 집안에 오점을 남긴 이혼한 조카라고 업신여기는 건가. 아무 잘못도 없는 나는 어머니와 아이들까지 있는 자리에서 치욕적인 언사를 온몸으로 받아내야만 했다.

나의 헌신은 마치 당연한 것이 되었고 심지어 무시와 조롱이 되었다. 무엇보다 나를 가장 사랑하고 존중해야 할 아내에게 그 오랜 세월 무시당했다는 사실에 억장이 무너졌다. 내가 살아오면서 확립한 가치관이 무너지는 순간이었다. '착하다'는 말은 결국 '바보 같고 어리석다'는 다른 표현이었다.

살아오면서 돈에 대한 욕심이 크진 않았다. 작은 집이라도 우리 네 가족 같이 식사할 수 있고 함께 생활할 수 있는 공간이 있다는 것만으로도 감사했었다. 아이들과 함께한 추억이 담긴 집이면 그 가치가 충분히 있다고 생각했다. 소소하게나마 재테크를 했던 이유는 아이들이 커가면서 필요할 교육비, 나와 집사람이 나이 들어 필요할 노후 자금을 위함이었다.

그러나 이제는 네 가족 함께 했던 집도, 작게나마 모아놨던 적금도 없다. 15년을 그렇게 열심히 회사에서 버티고 일하면서 쌓아온 재산이 송두리째 사라졌다. 집사람이 그 돈을 정확히 어디에 썼는지조차 파악도 되지 않는다. 정확한 이유도 알 수 없이 회사에서 헌신한 15년이란 시간 대신 보상받은 그동안의 금전적인 소득이 한순간 사라지는 모습을 그저 쳐다보고 있을 수밖에 없었다. 모래 알갱이처럼 손가락 사이로 무심하게 흩어져버렸다.

공교롭게도 내 전 재산이 사라진 2018년은 부동산 활황기였다. 서울에서 집값이 오르지 않은 곳이 없었다. 회사 직원들과의 술자리나 친한 친구들과의 술자리에서 반드시 나오는 이야깃거리가 집값이었다. 친구가 3년 전 새로 이사한 집은 지금 집값이 2배가 되었다고 한다. 곧 같은 단지 더 큰 평수로 이사를 준비하고 있다며 대출을 얼마나 더 받아야 할지 고민하고 있었다. 친한 회사 동료는 지난해 조금 무리해서 강남 아파트로 이사했다. 새로 이사한 집이 한 달에 1억씩 오르고 있다고 했다. 후배 직원이 투자용으로 구입한 회사 근처 아파트는 어느덧 수억이 올랐다고 했다.

나는 모임 자리에서 집값이나 돈 얘기가 나올 때마다 자격지심이 생겼다. 자리에서 일어나 먼저 집으로 돌아가고 싶은 맘뿐이었다. 나는 직장에서 15년차 팀장급 차장이다. 그 기간에 나는 무엇을 했나. 모아둔 돈은 커녕 15년의 세월이 송두리째 증발해버리고 남은 건 그저 내 몸뚱이 하나다. 사람들은 아직 나보고 젊다고 이야기하나 나이 43에 새로 시작해야 한다니 가슴이 먹먹할 뿐이다. 어디서부터 잘못된 것일까. 내 직장 동료와 친구들이 제2의 도약을 준비하고 있는 지금, 나는 이제 바닥을 탈출하려고 한다. 집사람 덕에 신용 불량자 수준까지 내려갔던 나의 신용 등급도 지금 서서히 회복되고 있는 중이다. 이 모든 것이 내가 저지른 것이라면 억울함도 덜할 텐데, 이 또한 내 탓이라며 참고 버텼을 텐데 상황은 그렇지가 못하다.

우연히 법륜 스님의 영상을 보게 되었다. 어느 청중이 법륜 스님께 "스님, 행복이란 무엇인가요?"라고 물었는데 스님은 망설임 없이 답하셨다.

"괴롭지 않은 상태가 바로 행복입니다."

나에게 묻는다. "오늘도 괴로운 상태입니까?"

본인의 심리 상태를 진단해보자

나는 지난 1주일 동안	극히 드물다 1일 이하	가끔 1~2일	자주 3~4일	거의 대부분 5~7일
· 평소에 아무렇지도 않던 일이 귀찮게 느껴졌다.				
· 먹고싶지 않았다. 입맛이 없었다.				
· 가족이나 친구가 도와주더라도 울적한 기분을 떨쳐버릴 수 없었다.				
· 다른 사람들만큼 능력이 있다고 느꼈다.				
· 무슨 일을 하던 정신을 집중하기 힘들었다.				
· 우울했다.				
· 하는 일마다 힘들게 느껴졌다.				
· 미래에 대하여 희망적이라고 느꼈다.				
· 내 인생은 실패작이라는 생각이 들었다.				
· 두려움을 느꼈다.				
· 잠을 설쳤다. 잠을 잘 이루지 못했다.				

· 행복했다.				
· 평소보다 말을 적게 했다. 말수가 줄었다.				
· 세상에 홀로 있는 듯한 외로움을 느꼈다.				
· 사람들이 나에게 차갑게 대하는 것 같았다.				
· 생활이 즐거웠다.				
· 갑자기 울음이 나왔다.				
· 슬픔을 느꼈다.				
· 사람들이 나를 싫어하는 것 같았다.				
· 도무지 무엇을 시작할 기운이 나지 않았다.				

· 16점 미만 : 정상

· 16–20점 : 경증 우울 상태

· 21–24점 : 중등도 우울 상태

· 25점 이상 : 중증 우울 상태

3

상처가 없는
- - - - - - - - - - - - - -
사람은 없다
- - - - - - - - - - - - - -

인생, 어두운 터널 속으로 진입하다

2018년은 정말 내 인생에서 죽고 싶을 만큼 힘든 시기였다. 그 기간을 보내면서 이 세상에서 가장 힘든 사람은 바로 '나'라고 생각해왔다.

집사람의 만행을 알게 된 시점은 5월 8일 어버이날 때였었다. 어머니를 모시고 식사를 끝낸 후 내가 결제를 하려고 카드를 내밀었는데 카드가 정지되었다는 것이다. 그럴 리가 없는데 싶어서 다른 카드를 냈는데 역시나 정지되었다며 식당 사장이 내 카드를 돌려주었다. 결국 어머니가 대신 결제를 하시고 귀가하였다.

집사람은 아마도 카드 사용료를 결제하는 계좌에 비용을 이체해놓지 않아서 그런 것 같다면서 다음 날 확인해서 문제가 없도록 조치를 취하겠다고 했다. 공과금 납부가 제때 처리되지 않아 괜히 연체료를 무는 경우도 여러 번 있었다. 매번 잔소리를 해도 그때뿐이니 이번에도 괜히 얘기해봐야 어버이날 언성만 높아지겠다 싶어 기다려주기로 했다. 어버이날 자식 된 도리로 내가 저녁을 사드려야 했는데 어머니가 결제까지 하신 게 못내 죄송스러웠다.

다음 날 아침 회사로 향하는 버스 안에서 계속해서 집사람한테 메시지가 왔다.

"미안해, 정말 잘할게, 이번 카드 문제 바로 해결할게, 내가 잘못했어, 한 번만 용서해줘."

뭔가 이상했다. 평소답지 않게 왜 이러나 의아했다. 기분이 썩 좋진 않았지만 오전 중에 빨리 처리하라고 메시지만 보냈다. 대수롭지 않게 여느 때처럼 출근하여 업무를 보던 중이었다. 휴대폰으로 오전 10시쯤 카드사에서 전화가 왔다. 카드 연체에 대한 안내 전화였다. 이미 알고 있다고 오전 중에 처리하겠다고 얘기했다. 근데 느낌이 좋지 않았다. 집사람이 얘기한 십몇만 원을 고작 며칠 연체했다고 카드가 정지되고 아침부터 카드사에서 전화를 하는 것은 정상적이지 않았다. 그래서 내가 알고 있는 연체 금액이 맞는지, 연체 기간이 얼마나 되는지 안내원에게 물었다. 잠시 후 안내원이 알려주는 정보는 내 귀를 의심할 수밖에 없었다.

"고객님, 지금 3개월 연체되신 상태고요. 연체 금액은 총 ○천만 원입니다."

눈앞이 캄캄했다. 단돈 몇천 원도 아끼던 나였다. 어릴 때부터 절약이 습관화되어 '짠돌이'라는 별명까지 있었는데 한 번 보지도 못한 그 어마어마한 금액이 대체 무엇 때문에 사용되었단 말인가. 나는 부랴부랴 다른 카드사에도 전화를 했다. 아뿔싸! 만들어놓고 사용하지도 않던 내 명의의 다른 카드도 이미 카드론 사용 한도까지 인출된 상태로 장기간 연체되어 있었다. 나중에 밝혀낸 제2, 제3 금융권 대출과 사채 빚 그리고 어머니와 누나들을 통해 가져간 돈까지 고려하면 그날 발견한 카드 연체는 빙산의 일각에 불과했다.

엄청난 일을 저지르고도 뻔뻔한 태도로 일관하는 집사람과 집사람의 엄마의 모습에 나는 경악을 금치 못했다. 한 번은 내 누나의 돈을 들고 종적을 감춰버린 집사람을 찾으러 집사람이 운영하던 미술 학원에 갔다. 집사람이 학원에 내가 찾아온 것을 발견하고는 학원 아이들을 두고 어디론가 사라져버렸을 때의 모습은 여전히 악몽으로 남아 있다. 내 누이의 돈을 타처에 유용한 사실을 알았을 때는 누나를 볼 면목이 없어서 죽고 싶은 심정이었다. 나를 키워준 부모님과 사랑으로 감싸준 누나였다. 내가 성인이 되어 그 은혜에 보답하지는 못할망정 집사람이 저지른 사고의 뒷수습을 하느라 반쯤 정신이 나간 그들을 보면서 내가 할 수 있는 것은 없었다. 그것이 나를 더욱 힘들게 했다.

이혼의 시발점이 되었던 잔인한 2018년의 5월을 보내고 아이들과 거처를 어머니 댁으로 옮겼다. 1년이 지난 2019년의 5월 8일 어버이날이었다. 12살인 첫째 아들이 할머니와 고모 그리고 아빠에게 들려주겠다며 본인이 쓴 시를 낭독했다.

제목 : 상처

나무줄기를 따라가다 보면 상처 없는 나무가 없다
그렇지, 바람에 흔들리지 않고 눈보라에 시달리지 않는 나무가 어디 있겠는가
흔들린 만큼, 시달린 만큼 높이와 깊이를 갖고 있는 상처
상처를 믿고 맘 놓고 새들이 집을 짓는다
상처를 믿고 맘 놓고 버섯들이 씨를 심는다
큰 상처일수록 편안한 집이 되어준다

아이에게는 괜히 글씨 좀 예쁘게 쓰라고 핀잔을 주고는 방에 들어와 응어리진 속을 토해냈다. 그저 순진하고 착한 어린아이인 줄 알았다. 그래서 더욱 신경이 쓰였던 아이였다. 아이들이 태어나 커가는 과정을 함께했던 집에서 나올 때는 눈물로 용서를 구했다. 하루에도 몇 번씩 왜 우리 집에 안 가는지를 묻는 아이들이었다. 집을 팔고 철거 업체를 불러 집에 있던 가구들을 모조리 조각내어 차에 실었다. 아이들의 옷장, 침대도 철거 업자의 손에 산산조각이 났다. 아이들은 철거 전날 한 번만이라도 집에 가보고 싶다고 했으나 폐허가 된 집을 차마 보여줄 수 없었다.

그렇게 한 가정의 가장이자 아빠인 나는 아이들에게 다시는 돌이킬 수 없는 잘못을 저질렀다. 그래서 애써 더욱 애틋하게 대했다. 그런데 아이들이 어느덧 아빠의 마음을 헤아리고 아빠의 맘을 달래주고 있었다.

상처란 평범함을 대변해주는 수식어

힘든 시기를 거치면서 어딘가에는 털어놓고 싶었다. 차마 친구들에게 나의 못난 모습을 보여주고 싶지는 않았다. 답답한 마음을 누군가에 소리치고 싶었다. 그래서 가입한 곳이 힘들어하는 사람들이 모이는 인터넷 모임이었다. 인터넷 모임의 상위에 랭크되어 있는 게시판 사연들을 보면서 '참 저렇게도 사는구나.' 싶을 정도로 사연 없는 사람들이 없었다.

한 번은 동네 소모임에 나간 적이 있다. 모두가 상대방에게 위로받고 싶은 심정인지 함께 모인 카페에서 참 오랜 시간 본인의 이야기를 풀어나갔다. 이혼은 기본이거니와 재혼에서 오는 또 다른 불화, 가정 폭력으로 인한 아이들의 탈선, 이혼 후 양육비를 주지 않아 하루하루 정말 힘들게 버티는 젊은 엄마의 사연 등. 너무나 안타까운 사연을 갖고 있는 사람들이 많았다. 아내와 아이들에게 무시당하고 혼자 자취하며 이혼을 준비하는 가장의 사연은 이 시대 가장의 입지를 여실히 드러내기에 충분했다.

한창 악몽 같은 5월을 지내던 중 친하게 지내던 동네 형님이 나를 불러냈다. 어느 누구도 만나고 싶지 않았던 나는 다음에 보자며 거절했다. 그럼에도 거듭해서 잠시 시간 좀 내라는 형님에게 계속 거절하기 어려워 약속 장소에 나갔다. 온갖 시름은 다 가지고 있는 듯한 내 얼굴 표정을 보고 그 형님이 했던 한마디가 내 뒤통수를 세게 후려치는 것만 같았다.

"힘들어하지 마라. 이 형이 살아보니 세상에 X같은 일들이 X나게 많더라. 지금 상황이 X같지? 더 살아봐라. X같은 일이 연속이다."

죽고 싶었던 당시 심정에 그 형님의 "X같은 일들이 X나게 많다."라는 거친 조언이 내 뼛속까지 강하게 때렸다. 알고 보니 그 형님도 아이들이 한창 어릴 때 부인과 이혼하고 힘들게 아이들을 키우고 있었다.

돌아보면 더욱 가까운 곳에 나보다 곱절은 힘든 시기를 겪은 사람이 있다. 바로 내 어머니이다. 어머니는 어린 시절 부모님을 잃으셨다. 위로 오빠, 아래로 남동생을 둔 어머니는 그렇게 갑작스럽게 부모 없는 '고아'가 되셨다. 어머니는 일부러 어린 시절에 대한 말씀을 아끼셨다.

간혹 어머니가 어린 시절 부모를 잃고 고생하셨던 과거를 말씀하실 때도 나는 크게 공감하지 못했다. 나에겐 부모님이 계셨기에 좀처럼 어머니의 마음을 공유하기가 쉽지 않았다. 그저 막연하게 많이 힘드셨겠구나, 느끼는 정도였다.

그런데 내가 예상치 못한 가정사로 힘들어하다 보니 어머니의 힘든 어린 시절이 눈에 그려졌다. 부모 없이 살아온 세월이 얼마나 고통스럽고 힘드셨을까.

나에게 상처가 생기기 전 모든 이가 무난한 삶을 살고 있다고 생각했다. 간혹 TV에 가정 형편이 어렵거나 힘들게 생활하는 사람들을 보면 TV에나 나올 법한 극히 드문 사람들이라 생각했다. 그런데 주변을 돌아보니 내가 예상치 못했던 힘든 상황에 처한 사람도 많고 모두 각자 상처 하나쯤은 가지고 있었다. 그래 맞다. 일부러 드러내지 않지만 거리에 흔하디흔한 사람들도 모두 사연 하나쯤은 품고 있겠지. 나 역시 저기 보이는 대중의 한 명이리라. 결국 상처란 평범함을 대변해주는 수식어 중 하나가 아닐까.

"살아 있는 한 곤란하게 되어 있어. 살아 있는 한 무조건 곤란해. 곤란하지 않게 사는 것 따위는 결코 없어. 그리고 곤란한 일은 결국 끝나게 되어 있어. 어때? 이제 좀 안심하고 곤란해할 수 있겠지?"

— 만화 〈보노보노〉 중에서

열심히 사는 것만이
답은 아니었다

왜 매번 열심히 한다고 하는데 안 되는 걸까

여러 이유의 진입 장벽 때문에 오랫동안 새로 수주하지 못한 프로젝트
가 있다. 긴 시간을 와신상담하던 우리는 이번 입찰 건에서는 반드시 성
공적으로 수주하겠다는 의욕에 불탔다. 영업부서와 공장 그리고 본사까
지 하나가 되었다. 이번 프로젝트는 한국 공장과 해외 공장이 함께 진행
하는 글로벌 프로젝트였다. 많은 조직이 일사분란하게 움직이기 위해 태
스크포스 팀도 구성되었다. 이번엔 될 수 있을 거란 기대감이 컸다.

입찰 준비를 위해 한국과 현지 법인의 회의가 정기적으로 이뤄졌다.

회의를 통해 진행되고 있는 내용을 공유하고 다음 회의 전까지 각자가 해야 할 업무를 정리했다. 회의가 진행될 수록 프로젝트에 대한 기대감도 커졌다.

고객사와의 현지 점검 일정이 확정된 후 나는 사전 준비를 위해 미리 출국했다. 6시간이 넘는 비행과 2시간이 넘는 차량 이동으로 피곤할 법도 했지만 될 수 있다는 기대감에 몸이 가벼웠다. 현지 법인장과 공장장까지 함께한 회의는 철저하고 꼼꼼했다. 프로젝트 개요를 다시 한 번 설명하고 실무자급 회의가 이어졌다. 고객 설명용 프레젠테이션을 최종적으로 마무리하고 가볍게 저녁 식사도 함께했다. 다음 날 고객사에서 방문하여 공장 현장 점검과 그동안의 준비 사항을 공유했다. 고객사의 반응은 긍정적이었다. 나도 마무리 미팅을 하고 귀국했다.

입찰에 대한 최종안이 준비되었다. 모두 열심히 달려온 시간과 에너지는 프로젝트 수주라는 결과로 보상받으리라. 근데 그 기대는 현실이 되지 못했다. 최종 단계에서 몇 가지 문제가 발생했다. 모든 부서, 태스크 팀까지 조직되어 철저하게 준비했다. 현지 법인 인원들이 한국으로, 한국인원이 현지 법인으로 거리를 마다 않고 출장 다니며 열과 성을 다했다. 약 5개월을 쏟아부었던 프로젝트는 '미선정'이라는 실망스러운 결과뿐이었다.

기운이 쭉 빠졌다. 성공할 것이라는 기대는 일순간 물거품이 되었다.

무엇이 잘못된 것일까. 차라리 기대라도 안 했다면, 그토록 열심히 안 했다면 실망은 이토록 크지 않을 텐데 스스로 원망스러웠다. 한편으로는 이번 실패로 자칫 징계라도 받을까 봐 괜한 두려움까지도 생겼다. 시작 자체를 안 했다면 생기지도 않았을 결과에 앞으로 새로 시작할 프로젝트들에 대해 걱정부터 앞섰다. 또다시 열심히 할 수 있을까에 대한 앞선 걱정이었다.

사실 이런 경우는 과거에도 몇 차례 있었다. 한국 사업부 사장님이 새로 부임하셨을 때다. 마침 중요한 신규 입찰건이 있었다. 새로 부임한 사업부 사장님은 매우 의욕적이셨다. 공장(일)과 영업(일)을 종횡무진하며 선두에서 프로젝트를 이끄셨다. 각자 해야 할 역할이 정해지고 일정표가 짜여졌다. 다양한 정보를 취합하고 거기에 따른 방안들을 논의했다. 사업부 사장님은 'Deep dive'를 강조하며 자칫 준비 사항에 누락되는 일이 없도록 하라고 직원들에게 당부하셨다. 다양한 차원에서의 검토가 이루어졌다. 수시로 회의가 소집되었고 회의에서 나온 안건들은 다시 새로운 업무가 되었다. 모든 직원이 '프로젝트 수주'라는 동일한 목표를 가지고 열심히 뛰어다녔다.

하지만 결과는 실망스러웠다. 우리가 어쩔 수 없는 외부 요소로 인해 우리는 실패의 쓴맛을 봐야만 했다. 왜 매번 열심히 한다고 하는데 이런 실망스런 결과가 나타나는 걸까. 이런 일을 한 번 겪으면 그 후유증이 오래 간다. 쏟아부었던 열정과 될 거라는 기대만큼이나 실패의 아픔이 참 길다. 우리는 열심히 했지만 프로젝트를 수주한 경쟁사는 더 열심히 한 걸까. 의미 없는 여러 생각으로 머리가 복잡했다.

'열심히'가 아닌 '제대로'

경력 직원이 새로 입사하고 얼마 뒤 아시아를 총괄하는 외국인 사장님이 한국을 방문했다. 팀장급 이상 내부 회의를 마치고 경력 직원이 인사하는 자리에서 "최선을 다해 열심히 하겠습니다."라고 인사를 드리니 사장님이 대뜸 "No, That's not enough(아니, 그거로는 충분하지 않아요)." 라고 말씀하시는 게 아닌가. 새로 입사한 회사에서의 의욕적인 포부를 밝히는 자리에서 열심히 하겠다고 말하는 직원에게 그걸로 부족하다고 하니 순간 그 경력 직원도 적잖이 당황하는 눈치였다.

얼마 뒤, 나는 새로운 업무를 맡게 되었다. 나로서는 도전이 될 수 있는 좋은 기회였다. 새로운 업무에 대한 내부 발표 날 저녁 외국인 사장님과 함께 팀 회식이 있었다. 술을 한 잔 따라주시는 사장님께 나도 모르게 "최선을 다해 열심히 하겠습니다."라고 말씀드렸다. 말하고 나서 깨달았다. 이 말은 얼마 전 경력 직원과 같은 말이잖아! 내 말이 끝나자마자 사장님이 말씀하셨다. "That's not enough." 우리는 '열심히'라는 말에 중독되어 있는 것 같았다. 열심히 했다는 것에 스스로 뿌듯해하던 지난날이었다. 우리는 '열심히'를 통해 과정이 얼마나 충실했고 얼마나 많이 노력했는지를 알리고 싶고 그것 자체로 보상받기를 희망한다.

　결혼을 하면서 마침내 나에서 우리로 책임의 범위가 커진다. 아이들이 생기고 성장하면서 내가 지켜야 할 가족의 크기도 점점 더 커져간다. 한 가정을 지키는 것이 내가 가장으로서 해야 할 가장 큰 역할이라고 생각한다. 지금 이 책을 쓰고 있는 시점이 12월이니 정확히 1년 전이다. 2018년 12월 회사에는 하루 휴가를 내고 구청을 방문했다. 법원 판결문이 담긴 누런 서류 봉투의 무게가 세상 어떤 것보다 무겁게 느껴졌다. 담당 창구로 향하는 길이 흡사 사형장으로 끌려가는 사형수의 발걸음과 같았다. 내가 지금 무엇을 하고 있는 걸까. 이것으로 아이들이 한부모 가정의 아이가 된다는 사실은 나 스스로에게 사형 판결을 내리는 것만 같았다. 창구 앞에 앉아 서류 봉투를 꺼내 판결문을 다시 찬찬히 읽어 내려갔다.

'주 문 1. 원고와 피고는 이혼한다.'

　구청에서의 신고 절차는 참으로 간단했다. 시간이 얼마나 걸릴지 몰라서 회사도 반나절 휴가가 아닌 하루 휴가를 냈던 것도 그 이유 때문이었다. 간단히 신청 양식에 신상 정보를 기입하고 판결문과 함께 그것을 제출했다. 담당 직원은 내 얼굴 한 번 쳐다보지 않고 내가 작성한 자료와

모니터를 번갈아 보면서 기계적으로 무언가를 입력하더니 처리되었다고 가보란다. 혼자 오셨냐고, 또는 사유가 무엇이냐고 몇 마디 질문이라도 할 줄 알았다. 어떤 말이라도 한마디 듣고 싶었던 이유는 '이제 다시 혼자구나.'라는 고립감 때문이었다. 처리 완료되었다는 말에 "감사합니다."라고 인사하며 돌아섰다. 무엇이 감사했던 걸까.

나는 가장으로 가정을 지키지 못했다. 그것이 결론이다. 행복하게 살아보겠노라고 주례 선생님과 하객들에게 약속했던 순간이었다. 둘이 셋이 되고, 몇 해 뒤 넷이 되면서 하늘이 주신 축복 같은 하루하루를 보내고 있다고 매일 감사해했다. 넓은 집은 아니더라도 네 식구 편안히 쉴 수 있는 집도 장만하고 몇 년 뒤에는 더 넓은 집으로 이사하자는 꿈도 함께 꾸었다. '함께'라는 단어에 감사해하며 힘들 때도 억지로 일어나 회사로 출근하던 세월이었다. 돌아보면 가장으로 참으로 열심히 살았다. 무엇이 잘못이었을까. 열심히 했다고 하면서 결국 왜 이런 결과에 힘들어하는 것일까. 그리고 지금 이 순간에도 여전히 그 '열심히'를 반복하고 있는 건 아닐까.

주위를 돌아보면 열심히 살아가고 있는 사람들이 세상에 참 많다. 내가 여러 번 참여했던 신규 사원을 채용하는 인터뷰 자리에서 나는 항상 마지막에 구직자들에게 최종 발언 기회를 줬다. 그때마다 그들은 모두 열심히 하겠다는 다짐을 밝혔다. 후배 사원이 실수하여 꾸지람을 줘도 매번 열심히 하겠단다. 또 하루 24시간을 잠도 제대로 못자면서 열심히 살지만 형편이 나아지지 않는 안타까운 이웃들의 사연을 TV를 통해 많이 본다. 열심히 하겠다는 사람들이 세상에 이토록 많은데 왜 누구는 성공하고 누구는 힘들게 살아가는 것일까. 누구는 목표를 이루고 누구는 제자리걸음인 걸까. 내 뜻대로만 되지 않는 것이 인생이다. 과정에 집착해서 결과에 실망하지 말고 '열심히'가 아닌 '제대로' 가는 방법을 찾아가는 게 어떨까.

"사람이 살아가면서 꼭 위로 높아지는 것만이 정답은 아닌 것 같아. 옆으로 넓어질 수도 있는 거잖아. 내가 여기서 보내는 동안 다른 사람들이 너보다 높아졌다면, 넌 그들보다 더 넓어지고 있으니까." 김동영 『너도 떠나보면 나를 알게 될 거야』 중에서

◁ 내 인생의 주인이 된다는 것 ▷

　살아가면서 혼자라고 느끼는 경우가 많다. 하루하루 바쁜 회사와 귀갓길에서 지나치는 수많은 사람을 색으로 표현한다면 흑백이다. 각자의 삶 속에서 연결 고리 하나 없이 그들만의 삶으로 바쁘다. 잠시 휴대폰에 저장되어 있는 주소록을 살펴보자. 아닌 것 같지만 나와 마찬가지로 혼자라고 느끼고 있을 그들이다. 연락한 지가 오래된 그들일수록 안부라도 물어보자. 바쁜 일상 속, 무미건조한 귀갓길에 설령 돌아오는 답변은 짧을지언정 그들은 잠시나마 그때의 고단함을 치유받을 것이다.

5

그 누구도 어제를
바꿀 수는 없다

남과 비교하지 말고 어제의 나와 비교하자

'부러우면 진다'는 말이 있다. 가벼운 우스갯소리 같지만 곱씹어보면 의미가 깊은 말이다. '남을 부러워만 하지 말고 노력해서 나도 그렇게 되자'는 의미일 수도 있다. 또는 '잘난 그들은 그들만의 세계이니 그쪽은 신경 쓰지 말고 내가 살아온 방식대로 편하게 살자'는 의미도 될 수 있지 않나 생각한다.

성공한 인물이 소개되는 신문 기사를 읽거나 뉴스를 보면 나도 모르게 버릇처럼 하는 것이 있다. 바로 그 사람과 나의 나이를 비교하는 것이다. 아마도 나뿐 아니라 많은 사람들이 나와 비슷하지 않을까 싶다. 간혹 40대 후반이나 50세를 훌쩍 넘은 인물들이 소개될 때면 마음이 편하다. '그래, 나도 저 나이쯤 되면 저렇게 될 수 있겠지.'라는 자기 위안이다. 근데 간혹 나와 동갑이거나 나보다 어린 사람들의 성공 케이스를 보면 마음이 불편하다. 나보다 젊은 나이에 성공한 그들이 부럽기도 하고 한편으로 나는 무엇을 했나 허탈하기도 하다.

  몇 해 전에 나와 동일한 실무급 미국 직원이 한국으로 출장을 온 적이 있다. 나이도 나와 한 살 차이라 서로 이야기도 잘 통했다. 진행되는 프로젝트 관련 회의를 마치고 함께 했던 저녁 시간은 회사에서 만난 직원 사이가 아닌 마치 오래 알고 지낸 친구인 것만 같았다. 우리는 삼겹살집에서 한국 스타일로 소주와 맥주를 섞은 폭탄주로 연거푸 건배를 외쳤다. 2차로 야외 테이블에 마련된 바에서 맥주에 일가견이 있는 그 직원의 설명을 들어가며 맥주를 종류별로 시켜서 마셨던 기억이 있다. 몇 병쯤 마셨을까, 어느덧 옆 테이블의 손님이 우리와 함께 친구가 되어 있었다. 이곳이 한국인지 미국인지 분간이 안 갈 정도로 자유로운 분위기에서 정말 유쾌하게 술을 마셨던 기억이 생생하다.

  그것이 그 직원과 함께한 마지막 술자리였다. 내가 맡은 업무로 하루하루 바쁘게 보내는 동안 그 직원은 그야말로 승승장구했다. 나와 동급 레벨이었던 그 직원은 얼마 뒤 글로벌 조직을 이끄는 책임급 인사가 되었고 또 얼마 뒤에는 미국 조직의 최고 책임자가 되었다. 어느덧 회사 그 룹 내에 그를 모르는 사람은 아무도 없었다. 그가 없는 회의 자리에서도 그는 일 잘하는 사람, 열정적인 사람, 똑똑한 사람 등으로 불리며 여러 차례 언급되었다. 내가 주어진 일을 하며 평범하게 지내는 동안 그 직원 은 남다른 업무 스타일로 회사 내에서 그야말로 스타 직원이 되었다. 더 이상 나는 그 직원과 동석할 일이 없었다.

나의 어제와 그 직원의 어제는 같았지만 오늘의 서로는 달라져 있었 다. 직원들은 모두 그를 부러움의 눈으로 쳐다보고 그와 함께했던 어제 를 마치 무용담을 털어놓듯 얘기했다. 그것은 나도 마찬가지였다. 한때 는 나도 그 친구랑 어깨동무하며 술을 마셨다며 너스레를 떨기도 했다. 그 직원이 수료했던 사내 교육에 참석했을 때는 강사가 말투까지 흉내 내고 있었다. 'All right'를 할 때 특유의 느끼한 미국 발음이 기억에 남는 다. 우리는 3주 과정의 사내 교육 중 거의 매일 그 직원 흉내를 내는 강사 덕분에 어느덧 모두 같은 흉내를 내고 있었다. 3년 전쯤 여러 국가에서 온 10명 정도 모여서 함께 배운 교육인데 성공한 미국 직원을 이야기하 던 교육 동기들은 여전히 나와 같은 위치에서 업무를 보고 있다.

한 번은 팀 회식 때 그 미국 직원의 얘기를 꺼냈더니 지금은 퇴직을 하 신 이사님이 뭔가 할 말이 있어 보였다. 술도 잘 마시는 이사님은 본인 앞에 놓여 있는 소주잔을 입에 털어 넣고는 잠시 뜸을 들이며 쓴웃음을 지으셨다.

"오래전 한국 회사와 합자 법인을 설립할 때였지. 그때 나는 한국 측 대표 협상자였는데 상대측하고 회의 때는 얼굴도 붉혀가며 얼마나 치열했는지. 그래도 끝나고 나면 언제 그랬냐는 듯 삼겹살에 소주 마시면서 참 여러 얘기를 나눴는데 농담 삼아 '너 영어 참 잘한다'고 했더니 상대방이 '나 스코틀랜드 출신이야'라고 해서 둘이 얼마나 웃었는지 몰라. 근데 그 상대방이 누구였는지 알아?"

우리는 전혀 짐작할 수 없었다. 잠시 정적이 흐른 후 입을 여셨다.

"지금의 그룹 회장님…"

모두 놀라서 입을 다물지 못했다. 같은 협상 대상자로 같은 회의실에서 회의를 하고 둘이 소주도 나누던 사이였는데 지금 서로의 모습은 하늘과 땅 차이였다.

반성은 있으되 후회는 하지 말자

우리는 어제에 대한 이야기를 즐긴다. 나이가 들어갈수록 그 빈도는 더 심해진다. 어제의 무용담 같지도 않은 무용담으로 한껏 목소리가 커진다. 술자리에서는 정도가 더하다. 동석한 상대방은 대화의 상대가 아니라 나의 어제를 듣기 위해 참석한 청중이다. 막상 들어보면 그다지 공감되지도, 그렇다고 대단하지도 않은 경우가 대부분이다. 굳이 그런 사람들의 이유를 찾아본다면 오늘의 내가 만족스럽지 않으니 애써 어제의 나를 소환하는 것이 아닐까 싶다. 어제의 나는 마치 소설 속 인물처럼 내가 기억하는 나와 내가 바라는 인물상이 합쳐져 재탄생된 인물이 되어버리는 경우도 다반사다.

부끄럽게도 지금의 나를 나타내는 신분 중 하나는 '이혼남'이다. 이제 1년째인데 이 신분은 주홍글씨처럼 나를 따라다닌다. 얼마 전 중국 출장을 위해 비자를 만들 때였다. 여행사 직원이 건네주는 신청 양식을 적다가 순간 멈칫했다. 기혼과 미혼 체크란이 있는 게 아닌가. 우습게도 선택지는 삼지선다였다. 기혼, 미혼, 기타. '지금은 혼자이니 미혼에 체크해야 하나? 아니면 이도 저도 아니니까 기타에 체크해야 하나? 나의 신분은 기타란 말인가.'

비슷한 경우는 몇 달 전에도 있었다. 주택 자금 대출을 받기 위해 은행 대출 창구에서 자서를 진행하는데 기혼과 미혼을 체크하는 부분이 있었다. 도대체 왜 비자를 받고 대출을 받는데 내가 미혼인지 기혼인지가 필요한 건지 순간 울화가 치밀었다.

어중간한 나의 신분에 화가 났다. '젠장, 내 인생에 이혼이라니. 차라리 결혼을 안했더라면. 배우자를 선택하는데 좀 더 심사숙고했어야 했는데. 부모님 말씀에 좀 더 귀 기울일걸. 어른들의 말씀에 무조건 따라야 했어. 결혼 생활을 하면서 좀 더 집안일에 신경을 쓸걸. 회사일 하면서 너무 집안일을 등한시한 건 아닐까. 집사람과 대화를 더 많이 했으면 이런 일은 없었을까. 돈 관리는 끝까지 내가 할걸. 내가 뭘 믿고 내 통장과 카드, 공인 인증서까지 모두 집사람에게 맡겼을까. 결국 일이 눈덩이처럼 커지기 시작한 건 그때부터였잖아. 가계부를 쓰라고 할 때 말만 하지 말고 한 번씩 같이 들여다볼걸. 통장을 보여달라고 하면 나중에 보여준다고 하니까 알뜰살뜰 모아서 날 놀라게 해주려나 보다 믿었잖아. 그걸 믿고 미술 학원까지 차려줬냐 이 바보야. 결국 네 등 처먹는 줄도 모르고.' 정말 온갖 괴로운 생각들이 머리에서 떠나질 않았다. 너무나 후회스러웠다. 나 혼자라면 이것도 내 업이려니 감내하겠다. 하지만 어느 순간 사라진 엄마의 자리를 아이들에게 설명하는 건 정말 곤욕이었다.

'반성은 하되 후회는 하지 말자.' 한때 내가 스스로 만든 나의 좌우명이다. 실패나 잘못을 통한 깨달음은 나를 발전시키리라. 반성은 그런 의미다. 하지만 후회는 돌이킬 수 없는 과거에 대한 원망뿐이다. 메아리조차 없는 과거에 대한 후회는 아무런 의미가 없다. 지금을 충실히 살아야 하지만 혹여 발생하는 실패와 좌절은 내일의 나를 더욱 단단하게 만드는 계기가 되리라. 결국 현재는 어제의 결과물이다. 누구도 심지어 나 자신조차도 어제의 나를 바꿀 수는 없다. 하지만 분명한 사실은 내일의 나는 오늘을 통해 바꿀 수 있다는 것이다. 지나간 과거에 얽매여 안타까워하기보다는 변화될 내일을 꿈꾸는 게 더 발전적이지 않을까.

'이미 끝나버린 일을 후회하기보다는 하고 싶었던 일을 하지 못한 것을 후회하라.'

— 「탈무드」 중에서

6

그러나 가끔은
위로받고 싶다

돌아가신 아버지께 드리는 고해

술을 좋아한다. 술을 먹을 수 있는 성인이 된 후부터 좋아한 건 아니다. 술을 끔찍이 싫어하던 시절도 있었다. 그것 때문에 술을 좋아하시던 아버지가 싫기도 했다. 그렇다고 아버지가 주사가 있으셨던 건 절대 아니다. 때로는 술을 드시면 평소보다 식구들을 따뜻하게 대해주시기도 했다. 그럼에도 가족과 식사할 때면 항상 술을 드시는 모습이 너무 싫었다. 멀쩡한 정신으로 대화하고 싶은데 아버지가 술을 드시면 대화하기가 싫었다. 내가 술을 마시지 않던 당시에 술을 드시고 말씀하시는 아버지의 이야기는 진실로 들리지가 않았다. 아버지는 그렇게 혼자서 술을 따라 드시면서도 가족의 눈치까지 보셔야 했다. 지금은 돌아가신 내 아버지의 당시 그 모습을 떠올리면 너무 가슴이 아프다. 이루 다 말하기가 힘들 정도로 가슴이 아프다.

얼마 전 볼일을 보고 운전하며 돌아오는 길에 주변을 돌아보니 아버지를 모신 납골묘 근처였다. 늦가을이고 산으로 둘러싸인 곳이다 보니 겨우 오후 5시쯤 되는 시간인데도 주위가 슬슬 어둑어둑해졌다. 어떻게 할까 하다가 갈림길에서 운전대를 아버지를 모신 쪽으로 방향을 틀었다.

마침 보이는 작은 슈퍼에서 소주 한 병과 떡도 한 봉지 샀다. 돌아가시기 전 떡을 참 좋아하셨다. 파주에 있는 규모가 매우 큰 납골 묘소에 성묘객은 나 하나뿐이었다. 이미 어둠이 드리워졌고 수만 구의 고인들이 안치되어 있는 곳에 나 혼자인데도 겁이 난다는 생각조차 들지 않았다.

무슨 이유였을까. 소주 한 병과 떡이 든 비닐봉지를 들고 아버지 유골이 안치된 곳 앞에 갔는데 울음이 터져 나왔다. 아버지가 돌아가시고 장례를 치르는 내내 눈물을 속으로 삼켰던 나였다. 남겨진 어머니와 누나들을 지켜야 한다는 사명감 때문에 나는 혼자 있을 때도 울지 않고 버텼다. 그렇게 버틴 눈물이 그날 왜 왈칵하고 쏟아져 내렸을까. 행여 누가 볼까 봐 소리도 내지 못하고 입을 손바닥으로 틀어막은 채, 울음소리를 삼키며 아버지 품에 안겼다.

"아버지, 저 잘 살고 있습니다. 어머니 모시고 정말 잘 살고 있습니다."

그 말을 아버지 앞에서 뱉어내는데 말 대신에 눈물이 앞섰다. 사실은 아버지께 여쭙고 싶었다. "아버지, 저 잘 살고 있는 건가요? 아버지, 제가 어머니 모시고 정말 잘 살고 있는 걸까요? 아버지, 죄송합니다." 근데 차마 그 말은 할 수가 없었다. 아버지 앞에서 당당하고 싶었다. 아버지가 돌아가시기 전 의식이 없던 중환자실에서 했던 약속이었다. 내가 저렇게 묻는 순간 나는 아버지와의 약속을 지키지 못한 못난 아들이 되는 셈이었다. 아버지의 말씀을 듣지 않고 반대하던 사람과 결혼하고 결국 지금의 모습에 이르기까지 이미 아버지와 어머니께 너무나 큰 불효를 저지른 못난 아들놈이다. 근데 아버지 묘소 앞에서 자신 없는 모습으로 흐느낀다면 그것은 더없는 불효이리라.

생전에 한 번도 아버지와 함께 마신 적 없는 소주를 잔에 가득 채워 아버지 앞에 올려놓으며 "저 정말 잘 살고 있습니다. 걱정 마세요 아버지!"라며 더욱 강하게 어금니를 깨물었다. 아버지의 온화한 미소가 함께하는 듯 했다. 집으로 돌아오는 길 아버지가 생전에 그렇게 좋아하시던 떡을 입에 모두 욱여넣었다. 아버지의 사랑을 씹어 삼켰다.

참 철없다. 혼자 소주를 따라 드시던 아버지의 마음이 왜 이제야 헤아려지는 걸까. 사회에서 치이고 지친 맘을 가족에게 위로받고 싶으셨을 것이다. 어느 순간부터 침묵으로 지켜오던 가정이었다. 한 번쯤은 당신도 가족에게 "힘 많이 드시죠? 고생 많으시죠? 사랑해요."라는 따뜻한 말 한마디가 그리우셨을 것이다. 누군가 그런 말을 한다면 한쪽 눈 찡긋하며 "별소리를 다 한다."라고 애써 넘기면서도 가슴속은 촉촉해지셨을 것이다.

위로받을 대상이 없기에 스스로 소주로 위로하셨던 것이다. 따라줄 상대가 없기에 혼자 소주를 따라 드셨을 거다. 취기에 그제야 당신의 속 얘기를 몇 마디라도 꺼내셨을 것이다. 그 말을 들어드리지는 못할망정 술 좀 그만 드시라고 핀잔을 주었던 내가 지금에야 비로소 아버지가 그렇게도 즐기시던 술맛을 알아간다. 식탁에 앉아 술잔을 비우면서 거실에서 웃고 있는 아이들과 그 모습을 바라보는 어머니를 바라보며 참 많은 생각에 잠긴다.

내 맘을 가장 잘 알아주는 사람은 바로 나다

책임이 더해지는 나이다. 나이가 더해갈수록 직장과 집에서 책임의 중압감이 점점 더 커지고 있다. 직장에서 주니어 시절에는 내가 혹여 실수하더라도 나의 실수를 덮어주고 바로 잡아 줄 직장 상사 분들이 계셨다. 맡은 바 일에만 집중하라며 응원해주시던 분들이었다. 별것 아닌 일에도 잘했다고 수고했다고 격려해주시던 분들이었다. 덕분에 회사 다니는 것이 즐거웠다. 퇴근 때면 그분들끼리 하는 저녁 식사 자리에 나를 따로 불러서 술 한 잔 따라주시며 인생 이야기를 들려주시곤 했다.

어느덧 내가 당시 그분들의 나이가 되어가면서 새삼 지금은 퇴직하신 그분들이 그리워진다. 내 위의 직장 상사보다 내 아래 후배 사원들이 많아지니 회사 생활 내내 긴장의 연속이다. 지금 위치에서는 실수가 있을 수 없다. 나는 후배 사원들의 모범이 되어야 한다. 롤모델까지는 못될지언정 그들이 필요로 할 때 도와줄 수 있어야 한다. 내가 주니어 시절에 받아왔듯 후배 사원들이 필요할 때에 격려와 응원은 기본이다. 그들의 실수를 드러내기보다는 왜 그런 일이 발생했는지 되짚어주고 방법을 고민하고 해결해가야 한다. 이제는 누군가에게 보고하고 업무를 지시받는 입장이 아닌 스스로 업무를 찾아내고 발생된 문제에 대한 여러 가지 답안을 강구해야 하는 위치가 된 것이다. 위치가 올라갈수록 두렵기도 하고 때로는 함께 터놓고 얘기할 수 있는 상대가 없어서 외롭기도 하다.

한때는 홍길동이란 별명도 있었다. 이 별명은 내가 지은 것이 아니라 고객사 쪽에서 지어준 별명이었다. 여기저기 혼자서 동분서주하며 정말 열심히 뛰어다닌다는 것이다. 그렇게 온갖 에너지를 쏟아내고 집으로 돌아오면 녹초가 된다. 자연스럽게 캔 맥주 하나 들고 부엌에 앉으면 아무도 없다. 아이들은 거실이나 본인들 방에서, 예전 집사람은 나름대로 뭔가에 심취해 있다. 말수가 적어진다. 술이 더해갈수록 집에서 말수는 더 적어졌다. 밖에서 기싸움에 당당하고자 바짝 긴장했던 몸은 집에 돌아오면 긴장이 풀어져 지친다. 집에 돌아와 말을 거는 식구들이 없을 때면 나는 술 한잔하면서 내면의 나와 대화하기 일쑤다. 아버지도 그러셨을까. 오히려 내면의 나와의 대화는 편안하다. 나와 참 잘 맞는다. 내가 찰떡같이 말하면 콩떡같이 알아듣는 친구다.

한 번은 기대하던 프로젝트가 기대와 달리 좋지 않은 결과가 나오는 바람에 실망이 컸다. 진행하던 건이 끝에 틀어져버리면 쏟아부었던 열정만큼 그 후유증이 참 크다. 세상이 무너진 것도 아닌데 모든 시름이 다 내 것인 것처럼 집으로 돌아왔다. 식사도 건성으로 하고 방에 들어와 혼자 캔맥주를 마시고 있었다. 내 마음도 모른 채 전 집사람이 방에 들어와서는 왜 그러냐고 꼬치꼬치 물었다. 왜 청승맞게 혼자 방에서 캔 맥주를 마시고 있냐며 나무랐다. 순간 도망이라도 가고 싶은 심정이었다.

언젠가 만년필과 질 좋은 노트를 구입했다. 나와 대화하면서 느끼는 생각을 글로 표현하고 싶었다. 나의 감정을 속으로 삼키는 것으로는 도저히 위로가 되지 않았다. 무엇이라도 쓰고 싶었다. 그것이 내 감정이어도 좋고 누군가의 글을 옮겨 적는 것이라도 좋았다. 누군가에게 위로받는 것은 지금의 나에게 괜한 사치인 듯했다. 차라리 위로받고 싶은 누군가가 바로 내가 될 수 있지 않을까. 내 맘을 가장 잘 알아주는 사람은 주변 사람이 아닌 바로 '나'라고 생각했다. 그래서 그때부터 생각이 많아지면 종이에 뭔가를 쓰기 시작했다. 그리고 그것이 나만의 위로법이 되었다. 지금 쓰고 있는 책도 결국 나를 위로하기 위함이리라.

"네가 놀러 오는 날은 언제나 햇살이 가득해."

– 『곰돌이 푸, 행복한 일은 매일 있어』 중에서

7

내가 가장 신경 써야
했던 것은 나였다

남의 눈치 때문에 나를 희생시키다

이솝 우화 중 부자와 당나귀라는 이야기가 있다. 아버지가 마지막 남은 재산인 당나귀를 팔기로 결심한다. 어린 아들을 당나귀에 태워서 시장을 향해 가는데 이를 본 어떤 남자가 아버지를 걷게 한다고 아들을 향해 불효막심한 놈이라고 말한다. 이 말을 듣고 놀란 아버지는 아들을 내리게 하고 본인이 당나귀에 올라탔다. 얼마쯤 갔을까 그 모습을 본 어떤 남자가 부모답지 않게 어린 아들을 걷게 한다고 그게 부모 맞느냐고 말한다. 황급히 내린 아버지는 그때부터 고민에 빠진다. 아들을 태워도 욕을 먹고 본인이 당나귀에 타도 욕을 먹으니 난감할 따름이다. 고민 끝에 두 부자 모두 당나귀에 타지 않고 고삐만 잡은 채 걸어가고 있었다. 잠시 후 지나가던 여자가 그 모습을 보고 별 희한한 바보들이라며 둘 다 당나귀를 타면 될 것을 당나귀와 함께 걸어간다고 조롱한다.

그 이후는 어땠을까. 결국 남의 얘기에 너무 신경을 쓴 나머지 당나귀를 나무막대기에 메달아 아들과 어깨에 메고 개울을 건너다 결국 개울에 빠지게 되고 전 재산이나 다름없는 당나귀는 개울을 건너 도망쳐버린다.

자기의 주관 없이 남의 시선만 신경 쓰다가 벌어진 어리석고 우스꽝스러운 이야기다. 주변 사람들이 뭐라 한다고 당나귀를 어깨에 메고 가다니 세상에 그런 바보가 어디 있을까 싶다. 근데 주변을 돌아보면 많은 사람들이 이솝우화에 나오는 아버지와 같은 삶을 살아가고 있다. 나 하나의 희생으로 주위가 안녕하다면 그걸로 만족한다. 언쟁은 가급적 피하고 주변의 조언을 최대한 반영한다. 그것이 살아가는 정답이라고 생각한다. 어떤가? 나 스스로를 존중하지 않고 어느새 나 자신과 타협하지는 않는가?

회사는 매년 나의 성과에 대해 스스로 판단하게 한다. 나 스스로에 대해 점수를 매기고 나의 장점과 단점을 판단한다. 그것을 통해 다음해 내가 보완할 점을 찾고 성장해갈 수 있는 사내 또는 사외 교육을 신청하여 수료한다. 그것이 회사가 직원들의 역량을 키워주는 수단이다.

　나를 판단하는 항목 중 하나가 타 부서와 얼마나 열린 마음으로 협의하느냐다. 나는 그 항목에 대해 매년 스스로 높은 점수를 준다. 나는 나스스로 다른 이의 조언과 의견을 받아들일 준비가 되어 있다고 생각한다. 나의 가장 큰 장점중 하나가 받아들이는 것이라고 자부해왔다. 그런데 어느 순간부터 '그것이 정답일까?'라는 생각이 들었다.

　공장 부서에 참으로 협의하기 힘든 팀장이 있다. 그 팀장은 본인 의견이 매우 강하다. 참으로 신기했다. 어떤 문제가 있더라도 즉시 본인의 의견을 피력하는데 아무도 그 의견에 반박하질 못했다. 그 팀장과의 협의건이 있으면 우선 깊게 숨을 들이마시고 통화를 했다. 그럼에도 어느새설득당하거나 포기하고 돌아선 것이 한두 번이 아니다.

　최근에 진행했던 프로젝트였다. 그 프로젝트는 무려 8개 업체가 함께한 대단위 프로젝트였다. 매달 약속된 장소에 소집되어 그동안의 과제를점검하고 새로 발견된 문제점들에 대해 언제까지 점검하겠다고 서로 회의록으로 남기고 해산했다. 그렇게 무려 14개월 동안 진행했다. 많은 사람들의 치밀한 노력 덕분에 그 프로젝트는 성공리에 마칠 수 있었다.

　매월 반복되는 회의가 한 번은 우리 회사 공장에서 진행되었다. 사실공장에서는 그 프로젝트가 진행되면서 해결하지 못한 문제가 하나 있었다. 대안은 있었으나 아무도 그 얘기를 모두가 모인 회의석상에서 꺼내지 못하고 있었다. 회의가 시작되고 안건이 점검되면서 역시나 예상했던 공장의 문제점이 지적되었다. 모두 눈치를 보는 사이에 공장의 그 고집스런 팀장이 앞에 나섰다. 현실적으로 공장에서 원하는 만큼 만족스런 조치가 어렵다는 점을 설명했다. 완벽하진 않지만 대안에 대해서도 차분히 설명했다. 그 팀장이 설명하는 동안 우리 직원들은 모두 맘을 졸였다. 모두 말하고 싶었지만 쉽게 꺼내기 어려운 발언이었다. 한동안 침묵이 흘렀다. 얼마나 흘렀을까. 프로젝트를 리드하는 고객사의 담당자가 말을 꺼냈다. 완벽하진 않지만 보완만 한다면 충분한 대안이 될 수 있겠다는 의견이었다.

우리는 모두 속으로 안도의 한숨을 쉬었다. 내가 필요한 사항에 대해 요구를 관철하기가 쉽지 않은 팀장이었다. 그럼에도 고객사 측과의 문제가 발생할 때마다 우리는 그 팀장을 찾았다. 우리가 쉽게 꺼내지 못하는 얘기를 그 팀장은 담대하게 상대방에게 이야기하고 충분히 설명하며 본인의 고집대로 밀어붙였다.

상대방을 존중한다는 이유로 나를 양보하는 순간 내가 어려운 상황에 직면하거나 손해 보는 상황에 처한다. 결국 상대방은 나에게 숙제만 줄 뿐이고 문제를 해결하고자 했던 나는 기존에 가지고 있던 문제와 더불어 더 많은 숙제만 떠안고 혼자 끙끙 앓는 형국이 되어버린다. 나 스스로를 존중하지 못하고 나를 낮추면서 생기는 결과다.

내가 가장 신경 써야 하는 것은 바로 나 자신

몇 해 전 누나들이 어머니를 모시고 해외여행을 다녀왔다. 얼마나 즐거운 시간이었을까 싶었는데 결과는 그렇지 못했다. 여행 중에 발생한 의견차로 거액을 들여 다녀온 여행은 서로 상처만 남긴 채로 마무리되었다. 나로서는 이해가 되지 않은 상황이었다. 어머니를 생각해서 미국까지 비즈니스석으로 모시고 갔던 여행이었다. 바쁜 일상 속에 어렵게 휴가를 내서 무려 2주일 동안 다녀온 여행이었다. 더없이 행복만 누렸어야 할 시간에 이게 무슨 일인가 싶었다. 여행에서 돌아온 어머니와 누나의 눈치를 봤다. 나 역시 이런 곤욕이 없었다. 어떻게든 빨리 예전의 모습으로 되돌리고 싶었지만 내 맘 같지 않았다. 아버지가 남겨주신 가장의 역할로 부족하나마 지금의 불편한 상황을 어떻게든 해결해야 했다. 어머니와 누나 필요에 따라서는 주변 사람들까지 만나면서 동분서주 뛰어다녔다. 결국 모두가 포함되어 있는 SNS에 장문의 글을 남겼다.

안녕하십니까, 지난 한 해, 혼란스러운 정국 속에서도 우리는 꿋꿋이 아름다운 꿈을 위해 열심히 살아왔습니다. 모두 생활 전선에서, 어찌 보면 지극히 평범하고 일반적인 삶 속에서, 또 다른 누군가들이 그렇게 갈망하는 보통 사람들의 삶을 지키고 이어가고 발전시키며 바쁜 한 해를 보냈습니다. 그런 중에도 우리 가족은 저 멀리 미국과 호주, 유럽 여행을 통해 다른 이들의 삶을 돌아보고 견문도 넓히며, 또 그동안 나누지 못했던 깊은 대화도 하며 다소 소원했던 서로를 챙겼습니다. 또 어떠했습니까. 명절 때는 모두 모여 하나가 되어 즐거운 시간을 보내고 과거를 추억하며 가족애를 되새겼지요.

지난 가을에는 수년 만에 서울 근교 가족 여행을 떠나 호사스러운 회장님 체험도 누릴 수 있었습니다. 다른 가족이 모두가 부러워할 끈끈한 가족애를 드러내며 우리는 서로 다독이고 응원하며 한 해를 보냈습니다. 어느덧 새해입니다. 새해를 아주 뜻깊게 시작하였지요. 모두가 한자리에 모여 각자가 준비한 음식들을 차리고 먹고 마시며 얼마나 즐거운 시간을 보냈습니까. 같은 식구의 구성원으로 더없는 행복을 느낄 수 있었지요. 다른 이들의 한없는 부러움은 덤이었고요.

어느 강사가 그러더군요. 우리들이 만날 수 있는 인연의 가능성은 10의 24승이라 하였습니다. (1/10,000,000,000,000,000,000,000,000) 저 숫자를 헤아릴 수는 없지만 대충 이해하기에 그만큼 어렵게 만났다는 뜻이겠지요. 그만큼 서로 더 애틋이, 더 소중히 생각하라는 뜻일 것입니다. 마음은 그러한데 쉽지가 않지요.

때로는 지나친 표현 부족이 오해를 불러올 수도 있고, 때로는 지나친 기대감이 실망을 불러올 수도 있을 것입니다. 우리는 그것을 이해와 소통으로 풀어나가야 합니다. 서로를 헤아려주고 또 표현과 대화로 풀어나가야겠지요. 그것이 인간만이 가지고 있는 언어의 사용 방법입니다.

그 후로도 식구들의 감정이 다시 예전으로 돌아오기까지는 꽤 많은 시간이 필요했다. 식구들이 힘들어할수록 내 마음의 감정도 지쳐갔다.

살면서 나보다는 상대방을 배려하기에 급급했다. 배려가 미덕이란 이유로 매번 나 자신을 내려놓았다. 상대방이 혹여 서운해할까 또는 불쾌해할까 싶어 나의 의견을 스스로 무시해왔다. 내가 손해 보더라도 상대방이 우선이었다. 그것이 세상을 더불어 살아가는 옳은 방법이라고 믿었다. 어느 순간 그것이 어리석다는 생각을 했다. 주변엔 나를 이용해 먹으려는 사람들이 득실댔고 나는 마지못해 나보다 그들을 존중하고 있었다. 그것이 반복될수록 내가 고립되는 시간이 점점 길어졌다. 나는 나인가 아니면 남인가? 내가 가장 신경써야 하는 것은 바로 나 자신이란 것을 많은 것을 잃고 나서야 비로소 깨닫는다.

"당신은 다른 사람들이 생각하는 대로 살 이유가 없다. 나 역시 다른 사람들이 기대하는 대로 살 필요는 없다.'

– 피터 브렛(Peter V. Brett)

◁ 내 인생의 주인이 된다는 것 ▷

나이가 들어갈수록 나를 가꾸는 게 어색하다. '주책맞다'는 표현으로 나를 꾸미는 데 인색하다. 젊을 때는 젊음 하나로 충분히 아름다운 시기이다. 화장을 하지 않은 맨 얼굴에 별 모양 없는 옷을 걸쳐도 젊음이라는 것으로 충분히 화려하다. 그러기에 나의 모습에 더욱 신경 써야할 때는 20대 청춘의 시기가 아니라 오히려 그 이후의 나다. 이것이 내면과 더불어 외면에 대한 투자, 내가 즐거워할 수 있는 취미에 대한 투자도 함께여야 하는 이유이다.

2 장

우리 삶에는 계속 기회가 있다

1

언제까지 이렇게

살 수는 없다

살아남는 것은 변화에 가장 잘 적응하는 종이다

사람들을 만나다 보면 불평불만이 많은 사람들의 유형이 있다. 인생 자체가 싫은 사람들이다. 사는 게 너무 힘들다고 심지어 살기조차 싫단다. 아침에 눈을 뜨자마자 한숨부터 쉰다. 새로운 하루가 시작되는 것 자체가 그들에겐 불행이다. 다니는 직장은 최악의 지옥이다. 어떻게 불구덩이 지옥 속에서 매일매일 버티는지 참으로 신기하다. 주변은 온통 그들을 괴롭히는 저승사자들뿐이다. 그들이 유일하게 웃음을 지을 때는 휴일을 앞둔 전날 밤뿐이다. 그렇게 지낼 거면 일주일 내내 휴일로 살면 될 것을 안타까울 때가 있다.

　올해 하반기 운 좋게도 부동산 경매를 통해 두 채의 아파트를 낙찰 받았다. 부동산 경매는 많이 들어봤어도 많은 사람들이 섣불리 덤벼들지 못하는 이유 중 하나가 명도 때문이다. 명도는 쉽게 말해서 내가 낙찰받은 집의 현재 거주자를 집 밖으로 이사 보내는 것이다. 본인이 살고 있던 집이 경제적인 문제로 경매로 넘어갈 때의 심정은 어떠하겠는가. 낙찰 받은 사람은 또 어떠한가. 누군지도 모르는 사람을 처음 만나서 지금 살고 있는 집에서 나가달라고 얘기하는 것도 사실 쉬운 일이 아닐 것이다.

　낙찰 받은 두 집 모두 낙찰을 받고 며칠 뒤 거주자와 이사 협의를 하기 위해 그 집에 방문했다. 명도가 처음이라 긴장도 많이 했다. 그런데 첫 번째 낙찰 받은 집을 방문했을 때 내심 놀랐다. 아파트 엘리베이터에서 내려 벨을 누르려는데 현관문 앞에 분리수거를 위해 내놓은 쓰레기가 잔뜩 있었다. 현재 거주자는 본인 집이 경매로 곧 이사를 가야 한다는 걸 알면서도 집안 정리를 하고 있었다. 벨을 누르고 나의 신분을 밝히고 거주자의 안내에 따라 집안으로 들어갔다. 남편이 하던 사업의 갑작스런 부도로 상황이 이 지경까지 오게 됐다고 말하는 아내 분은 내가 집안에 들어서기 전까지 집안 정리에 여념이 없었다. 곧 비워드리겠노라고 약속하는 그분과의 대화에서 진심이 느껴졌다.

　약속한 기일에 이사 나가기까지 그분들은 좀 더 일찍 이사 나가지 못함에 미안해했고 상황을 이해해주는 나에게 감사해했다. 대화를 나누고 집을 나설 때 너무나 친절하게 인사하던 중학생 딸아이의 모습은 아직도 잊히지가 않는다. 그분들은 예상치 못한 시련 속에서 힘들어했으나 분명 지금의 시련을 계기로 더욱 부지런히 재기를 위해 달려갈 것이란 확신이 들었다.

첫 번째 낙찰받은 집 명도를 마무리하는 중 두 번째 낙찰 물건 명도를 위해 찾아간 집은 정말 말로 표현하기 힘들 정도로 처참했다. 거주자 분의 안내로 들어간 집은 39평의 넓이가 무색할 정도로 발 디딜 틈이 없었다. 밥솥 위엔 먼지가 수북했고 싱크대는 나중에 거주자가 이사 나간 후 약품을 사용해 몇 차례나 닦아냈는지 모른다. 나에게 앉으라며 자리를 내어준 소파 위는 옷과 온갖 잡동사니로 파묻혀 사실 앉을 자리가 없었다.

50대 중반의 체구가 좀 있는 거주자 분은 이사를 나가기 전까지 10살은 훨씬 어린 나에게 본인의 신세 한탄을 늘어놓았다. 이분의 빠른 재기를 응원했다. 하지만 이분의 집 상태와 마음가짐을 봤을 때 쉽지 않아 보였다. 사연은 안타깝지만 게으르기 짝이 없고 잘나가던 한때만 그리워하는, 과거에만 머물러 있는 분이었다.

낙찰받은 두 집의 채무자가 너무나 극명하게 비교가 되었다. 첫 번째 집은 비록 지금은 어려운 상황에 놓여 있으나 분명 상황을 극복하고 이

전보다 더 크게 성장할 거라는 걸 믿어 의심치 않는다. 두 번째 집은 과거의 기억을 버리지 않는 이상 언제까지고 과거만 회상하며 살아갈 듯하다. 『종의 기원』을 쓴 진화론자 찰스 다윈은 이렇게 말했다. "살아남는 것은 가장 강한 종이나 가장 똑똑한 종이 아니라 변화에 가장 잘 적응하는 종이다."

집사람이 저지른 문제로 살고 있던 집을 처분하고 아이들과 함께 어머니 댁으로 거처를 옮겼다. 비록 가정이 무너졌지만 찾아보면 장점이 참 많다. 할머니 밑에서 자라는 아이들은 예의가 참 바르다. 이전에도 예의를 가르쳤지만 핵가족 사회에서 부모의 가르침을 온전히 받아들이기는 어려운 부분이 있다. 첫째 아이가 어느덧 12살이지만 여전히 초보 부모다. 12살 아이를 키워본 적이 없지 않은가. 반면에 할머니는 다르다. 아이들을 다루시는 실력이 탁월하다. 이미 나와 내 위로 누나 셋을 키워내신 베테랑이다. 그뿐인가. 본인의 손주 세 명을 직접 키워내신 분이다.

내가 회사에서 돌아오면 두 아이들이 아빠 오셨냐며 양팔을 벌려 안긴다. 내가 장난치며 뒷걸음질을 치면 활짝 웃으며 더욱 거세게 감아 안는다. 그 느낌이 참 좋다. 식사 때면 어르신들이 식사를 시작하고 나서야 수저를 든다. 할머니에게는 꼭 존댓말을 쓰고 말의 표현도 다르게 한다. 할머니가 쓰는 어른의 단어를 사용하여 서로 웃기도 한다.

첫째 아들은 유독 살이 안 찌고 안쓰러울 정도로 말랐었다. 분명 아빠인 나의 어린 시절은 그렇지 않았다. 한 끼에 밥 두 공기는 기본이었다. 밥을 먹고 나서도 배고프다고 치운 밥상을 나 혼자 다시 차려서 먹기도 했다. 친척들이 모이는 명절 때는 어른들이 나를 보고 살을 빼야 하는 거 아니냐며 한마디씩 했다. 그래서 나와 달리 약해 보이는 아들을 위해 수영을 시키기도 했다. 1년을 꾸준히 배운 덕에 지역 대회에서 입상도 여러 번 했다. 하지만 선수용 수영복을 입고 연습하는 아이의 모습을 볼 때마다 삐쩍 마른 아이의 몸에 항상 안쓰러웠다.

그런데 할머니 댁으로 거처를 옮기고 난 지금 가끔 나는 농담 삼아 아이한테 "살 좀 빼야 하는 거 아니니?"라고 말한다. 그만큼 아이는 몰라보게 건강해졌고 내 어린 시절의 통통한 모습을 쏙 닮아간다. 아이의 올곧은 성품은 더할 나위가 없다.

주말엔 내 맘대로 할 수 있잖아

아이들과 공부방을 함께 쓰고 있다. 살던 집에서 어머니 댁으로 거처를 옮기기 전 대부분의 짐을 철거 업체에서 때려 부셔서 수거해 갈 때 내 책상도 함께 버릴까 했다. 어머니 댁으로 들어올 때 짐을 최소화해야 했기 때문이다. 언젠가 나만의 서재를 가지는 것이 꿈인 만큼 내 책상은 가져오고 싶었다. 지금은 공부방에 내 책상과 아이들의 책상이 나란히 있다. 그런 이유로 아이들과 함께 앉아 있는 시간이 많아졌다. 함께 공부하기도 하고 책을 보거나 음악을 듣기도 한다. 어느덧 큰아이와 함께 듣는 음악의 취향이 비슷하고 때로는 내가 본 책을 건네주며 읽어보라고 권하기도 한다.

한 번은 큰아이와 함께 공부방에 있다가 주말에 대한 이야기를 했다. 일요일 저녁이 될 때면 월요일이 너무 싫다며 주말은 왜 그렇게도 시간이 빨리 가는 거냐며 투정을 부리는 아이들이었다. 출근을 끔찍하게 싫어하는 여느 직장인들도 아니고 초등학생 아이들이 벌써 월요일을 싫어하다니 안타까운 맘이 들었다. 그래서 주말이란 주제로 대화를 시작했다.

"성훈아, 주말이 좋은 이유가 뭐야? 왜 주말이 가는 게 그렇게 싫어?"

아이는 평일에 학교 가서 친구들을 만나고 함께 노는 것도 좋다고 한다. 학교에서 공부하는 것도 좋고 평일 아침에 하는 축구 수업도 좋다고 한다. 평일이 싫은 건 아니라고 한다. "그런데 왜 일요일만 되면 애꿎은 월요일이 오는 걸 원망하는 거야?"라는 질문에 아이는 이렇게 답한다.

"주말엔 내 맘대로 할 수 있잖아."

많은 대화를 나눴지만 그 한마디가 정답이었다. 내 맘대로 할 수 있다.

학교에서, 직장에서 우리는 각자의 위치에서 해야 할 일과와 시스템에 따라 움직인다. 그것이 평일이다. 하지만 주말의 모든 시간은 내 것이다. 내가 주체가 되는 능동적인 시간이 주말인 것이다. 그 시간은 오롯이 내가 계획하고 내 뜻대로 사용할 수 있다. 새삼스런 사실이지만 그것을 제대로 깨닫지 못한다. 대부분의 사람이 주말에는 다음 평일을 위한 휴식으로 여기고 늦잠과 빈둥거림으로 시간을 보낸다. 그리고 일요일 오후에는 우울함이 최고조에 달한다. 언제까지 그렇게 살 수는 없다. 내 뜻대로 움직이고 변화하는 세상이다. 누가 뭐래도 내 인생의 주인공은 나다.

"껍데기만 타다가 꺼져버리는 식으로 어설픈 젊음을 보내고 싶지는 않아. 비록 한순간일지언정…."

– 〈내일의 죠〉 중에서

2

난 어떤 삶을
살고 싶은 것일까

내 꿈과 삶을 돈으로 계산하다

구정에 식구들이 모두 모였다. 나에게 세배를 하는 조카들에게 꿈이 무엇인지 물었다. 건강하고 새해 복 많이 받으라는 덕담이면 될 것을 예상치 못한 나의 질문에 적잖이 당황한 듯 했다. 멋쩍은 듯 웃으며 멀뚱멀뚱 서로의 얼굴만 쳐다보았다. 다음 세배 순서를 기다리고 있어 나는 '건강하게 꿈꾸라'며 세뱃돈을 건넸다. 누군가 나의 꿈을 물을 때 쉽게 대답하기가 어렵다. 나는 나에게 하고 싶은 질문을 조카들에게 했는지도 모른다.

몇 해 전 문득 내가 살고 있는 방식이 맞는지 불안했다. 내가 나가고 있는 방향이 맞는지 함께 의논하고 길을 설정해줄 만한 사람이 필요했다. 고민 끝에 내가 찾은 상담사는 다름 아닌 재무 상담사였다. 한창 유명 연예인이 광고하던 '피플XX프'라는 재무 관련 컨설팅 업체였다. 사람의 인생을 설계해준다는 회사 이름이 무의식중에 머리에 맴돌았던 것 같다. 내 재무적인 인생 설계도를 그려놓으면 제대로 인생을 준비할 수 있을 것만 같았다. 인터넷으로 간단히 내 신상 정보와 월수입, 저축 현황 등을 입력하고 신청 버튼을 눌렀다. 다음 날 내 담당으로 배정된 상담사로부터 전화가 왔다. 직접 만나서 상담이 필요하니 시간과 약속 시간을 상의했다.

상담 시간에 맞춰서 나온 재무 상담사는 서류를 한 꾸러미 준비해왔다. 사전에 내가 작성한 정보를 기반으로 내 재무 라이프를 준비해온 것이다. 한참 동안의 설명이 이어졌다. 40대에 필요한 집 장만, 차량 교환에 필요한 목돈 준비, 50대에 필요한 자녀 대학 학자금과 결혼 자금, 60대 이후에 필요한 노후 자금 등 단기, 중기, 장기 플랜에 따른 자금 계획표를 일목요연하게 준비해왔다. "지금도 꽤 준비를 잘하고 있으시네요. 재무 설계에 대한 마인드가 상당히 높은 수준이세요."라는 영업적인 멘트는 듣기 나쁘지 않았다.

몇 차례 상담을 더한 끝에 현재의 보험을 재설계하고 일부 적금 상품과 연금 상품을 들었다.

마음이 한결 가벼웠다. 나 스스로 위안이 됐다. '그래, 이 정도면 준비가 어느 정도 됐네. 이대로만 살아가면 조금 부족할 순 있지만 별 탈 없이 무난한 삶을 살 수 있겠지.'

내 삶을 돈으로 설계했다. 지금 살아가는 방식을 유지하며 재무 설계까지 준비했으니 지금처럼만 살아간다면 된다고 생각했다. 가정과 회사의 반복되는 삶 속에서 나는 내 삶의 가치를 돈과 맞바꾸고는 스스로 만족하고 있었다. 내가 조카들에게 물었던 '넌 꿈이 뭐야?'라는 질문은 한창 공부하는 청소년기에만 해당되는 질문이라고 생각했다. 나는 이미 사회인이고 한 직장을 선택하여 10년을 넘게 종사하고 있으니 내가 꿈을 꾼다는 것은 마치 어른들이 놀이동산을 간다고 전날 밤 잠을 설치는 것과 같은 철없는 행동이라고 여겼다.

사춘기 시절 내가 가장 좋아했던 노래는 신해철의 「나에게 쓰는 편지」였다. 나를 돌아보는 매우 사색적인 가사다.

"사는 게 무섭지 않냐고 물어봤었지. 대답은 그래 예스야. 무섭지 엄청 무섭지."

"새로운 일을 할 때마다 또 한 살 한 살 나이를 먹을 때마다. 근데 말야. 남들도 그래. 남들도 다 사는 게 무섭고 힘들고 그렇다고. 그렇게 무릎이 벌벌 떨릴 정도로 무서우면서도 한 발 또 한 발 그게 사는 거 아니 겠니."

노래 중간쯤 나오는 가사는 여전히 우리의 삶에 시사하는 바가 크다. "전망 좋은 직장과 가족 안에서의 안정과 은행 구좌의 잔고 액수가 모든 가치의 척도인가 돈 큰집 빠른 차 여자 명성 사회적 지위 그런 것들에 과연 우리의 행복이 있을까."

살아가면서 가장 중요한 것은 돈이라 생각했다. 자본주의 사회에서 그 생각은 당연하게 여겼다. 친구들을 만날 때도 화두는 돈이었다. 서로의 연봉을 비교하며 예전에 누가 공부를 더 잘했는데 지금은 돈도 본인보다 못 번다며 우쭐해한다. 이번에 이사 간 집값이 얼마나 올랐는지를 얘기하며 집값 오르는 거 보면 회사 생활 아무리 해봐야 소용없단다. 누구누구가 학창시절 우리보다 공부 잘했는데 지금은 우리보다 돈벌이도 별로 안 좋다며 괜한 승리감에 우쭐해한다. 모두 함께 공부하며 각자가 꿈꾸던 꿈은 온데간데없고 잘사는 기준은 누가 돈을 더 잘 버느냐 못 버느냐로 절대적인 수치화가 된다. 그러면서 벌이가 마땅치 않은 친구들은 슬슬 모임에서 그 모습을 보기 힘들다.

나 역시 그랬다. 인생을 살아가면서 행복을 좌우하는 가장 큰 가치는 돈이었다. 돈을 얼마나 잘 버느냐에 따라 나의 행복이 결정된다고 생각했다. 모임을 나가더라도 나보다 잘난 사람과 부족한 사람의 기준은 돈이었다. 대한민국은 자본주의이기에 그것이 당연하다고 생각했다. 더욱이 나의 월급이 썩 나쁘지는 않았기에 더욱 그랬다.

얼마 전 어머니, 누나와 함께 아이들을 데리고 발리로 여름휴가를 떠났을 때였다. 세계적으로 유명한 관광지인 만큼 외국인들 특히 서양인들이 많았다. 네덜란드의 지배를 받았던 만큼 북유럽 사람들과 더불어 지리적인 요건 덕에 호주인들이 특히 많았다. 이러한 이유로 백인들의 소득이 선진국 수준임에도 발리의 물가는 놀랄 만큼 저렴했다. 식사뿐만이 아니다. 타 지역을 관광하기 위해 렌터카와 기사를 함께 불렀다. 근데 하루를 온전히 사용하는 인건비와 차량 사용료가 약 6만원 수준이었다. 세계 최악의 교통난 중 한곳으로 손꼽히는 지역 덕분에 고용한 기사에 대한 안쓰러운 마음이 컸다. 결국 하루 인건비보다 비싼 저녁을 함께 먹고 나서야 마음이 조금은 편해졌다.

근데 그들이 나보다 소득이 턱없이 낮다고 절대 우울해 보이지 않았다. 그들은 누구와 비교하지도 않으며 필요할 때 소득과 상관없이 서로 도우려 노력했다. 그들은 고단한 하루지만 식구들과 함께할 수 있는 저녁이 있다는 것만으로도 행복해했다.

모든 것을 잃고 나서야 꿈을 꾸다

돈이 인생의 거의 대부분이라 생각했다. 그러나 작년의 힘든 상황을 겪으면서 생각이 상당히 많이 바뀌었다. 돈이 많은 삶이 나의 행복을 보장해주지 않았다. 온전한 가족이 있을 때 그리고 가족들과 함께 내일을 꿈꿀 때 진정한 행복이 느껴졌다. 집사람의 일이 발각되고 나는 비로소 돈이 전부가 아니라는 걸 몸소 깨달았다. 내가 살아온 삶은 허상이었다.

"상무님, 저로 인해 회사에 피해가 간다면 제가 회사를 그만두겠습니다."

처절한 각오였다. 15년을 몸담았던 회사였다. 가정을 제외하고는 나의 전부였던 회사였다. 하지만 이미 더 잃을 것이 없었다. 내가 나의 청춘을 대신해 받아온 월급은 나도 모르게 한순간 증발되었다. 아직도 그 돈이 어디에 사용되었는지 알 수 없다. 내가 가장 믿었던 집사람은 내가 믿었던 것보다 더 많이 나를 속여 왔다. 나의 가장 큰 가치로 생각했던 가족마저 지키지 못하고 산산이 부서졌다. 여전히 지금도 예전의 집사람은 나에게 메시지로 협박을 해온다. 무슨 낯짝으로 그러한 메시지를 보내는지 그 속을 헤아릴 수가 없다.

어떤 삶을 살고 싶었던 걸까. 평범하게 살고 싶었다. 사회의 표준처럼 정해진 절차와 시스템에 따라 살고 싶었다. 산산이 부서진 지금에서야 비로소 나는 그것이 정답이 아니었음을 깨닫는다. 그래서 이제야 새삼스런 꿈을 꾸기 시작했다.

꿈같은 시간을 살아가기를 희망하면서 나이 43세에 모든 것을 잃어버린 지금 마음만 조급하다. 요즘 20-30대는 겁 없고 거침이 없다. 그 말을 들은 지인이 40대는 지켜야 할 것이 많기 때문에 조심스럽다고 했다. 40대도 늦지 않았다. 오히려 젊은 그들보다 경험치는 더 많다. 무모한 거침이 아닌 제대로 거침없이 나갈 수 있는 실력이 있다. 다만 조급해하지 말자. 논밭에 뿌린 씨앗도 열매를 맺기 까지 물리적인 시간이 분명 필요하다. 달콤한 열매를 꿈꾸며 열정을 가지고 지속적으로 관리해 나간다면 마침내 풍성한 열매를 맛보리라 확신한다.

"날아라. 그리고 살아 숨 쉬는 모든 순간에 깨어 있어라."

– 홍정욱 「비상」 중에서

3

나도 가끔은
- - - - - - - - - -
비겁해지고 싶다
- - - - - - - - - -

그것이 거짓임을 알면서도 믿어주고 싶었다

어떻게든 살아보고 싶었다. 그 사람의 잘못은 덮어둔 채로 그래도 가족을 지키는 것이 최우선이라 생각하고 싶었다. 금전적인 문제는 다시 살아가며 다시 모으면 될 수도 있겠다 싶었다. 지금의 가족을 포기하고 싶지 않았다. 아이들을 생각하면 더욱 포기할 수 없는 것이 가족이었기 때문이다.

가장의 책임은 그런 것이다. 집사람의 잘못을 덮는 것은 비겁한 것이 아니리라. 내 가족을 지킬 수 있다면 비겁하더라도 두 눈 질끈 감고 용서

해주는 것이 가장이 가족을 지킬 수 있는 방법이리라.

    집사람이 저지른 문제가 밝혀지고 나는 어떻게든 해결하고 같이 살아보고자 마음먹었다. 내가 목숨 걸고 책임져야 할 내 아이들이 있기 때문이다. 나 혼자라면 오히려 결정을 내리기 편했을 것이다. 하지만 이제 더 이상 나는 혼자가 아니다. 나를 바라보는 아이들이 있다. 나는 내 아이들에 대한 책임이 있다.

    결혼 전부터 나를 속여왔다는 집사람의 고백에 나는 소주 한 병을 그 자리에서 들이켰다. 믿고 싶지 않았다. 28세에 만나 3년 만에 결혼하여 살아온 12년의 세월이었다. 나는 20대 후반과 30대의 모든 것을 가정과 회사에 헌신했다. 집사람이 말한 거짓말은 내가 살아온 그 긴 시간을 전혀 가치 없는 세월로 바꿔놓았다. 마치 나의 삶이 그 시간 동안 감옥에서 지내온 듯한 느낌을 받았다. 나의 그 시간은 누가 보상해주는 것인가. 치가 떨렸다.

    일이 터지고 나서 집사람은 나에게 울먹이며 부탁했다. 본인이 온갖 욕을 먹더라도 친한 친구에게 배신자의 말은 듣고 싶지 않다고 했다. 상황이 힘들어 친한 고등학교 친구에게 돈을 빌렸다고 한다. 다른 돈은 몰라도 그 돈은 꼭 갚아야 한다고, 반드시 그 돈은 갚고 싶다고 했다. 마침 회사에서 연봉 인상으로 소급되어 들어온 목돈이 있었다. 지켜야 할 가정이 있기에 집사람에게 못 이기는 척 계좌 번호와 이름을 받아서 고등학교 친구라는 두 명에게 집사람이 부탁한 금액을 각각 송금해주었다.

매일매일이 악몽이었다. 집사람을 붙잡고 왜 그랬느냐, 대체 총 얼마를 어느 기관에서 빌렸느냐, 정말 그 돈이 다인 것이냐 추궁을 했다. 밤새 추궁하고 출근하기를 반복했다. 집사람이 부탁한 친구들의 돈을 대신 갚아주고 돌아온 그날 저녁 도저히 믿음이 가지 않아 집사람이 자리를 비운 사이 휴대폰에서 고등학교 친구들이라는 이름을 검색하고 번호를 받아 적었다. 그리고 밤 11시가 늦은 시간임에도 전화를 걸었다. 두 곳 다 전화를 받지 않았다. 그런데 잠시 한 곳에서 전화가 왔다. 남자였다. 40대 후반은 족히 되어 보이는 목소리가 매우 거친 남자의 목소리였다.

"xx여고 xxx 아닌가요?"

"누구요?"

"저는 xxx의 남편입니다. xx여고 xxx라는 분의 전화 아닌지요?"

"아따, 지금 전화한 사람은 누구요? 장난하지 말고 직접 전화하라고 하쇼! 빌어먹을!"

그 자리에서 주저앉았다. 다리에 힘이 풀린다는 게 이런 느낌이구나. 온몸이 사시나무 떨리듯 떨렸다. 드라마에서, 들고 있던 물컵을 떨어뜨리는 것은 그저 연기라고 생각했는데 그때 나 역시 들고 있던 휴대폰을 바닥에 떨어뜨리고 그만 주저앉았다. TV에서만 보던 사채였다. 걸걸

한 전라도 말투의 그 사내는 당장이라도 나를 집어삼킬 것만 같았다. 왜, 왜, 목소리만 들어도 떨리는 그 무서운 사채를 이 여자는 겁도 없이 사용했을까. 사채보다 더 무서운 것이 대체 무엇이었단 말인가.

마침 중국 출장을 다녀온 친한 거래처 형님이 사다준 우황청심환이 있었다. 무슨 정신으로 그것을 찾았을까. 어지럽게 정리되지 않은 집 안에서도 그것을 찾아 마셨다. 근데 그것으로도 진정되지 않았다. 냉장고를 열었다. 그곳엔 오랫동안 보관되어 있던 소주 한 병이 있었다. 평소 집에서 가볍게 맥주는 마셔도 소주는 전혀 마시지 않았는데 눈에 보이는 소주 한 병을 모두 들이켰다. 전혀 취하지 않았다. 여전히 내 몸은 창백하고 떨리고 있었다. 걸어갈 기운조차 없었던 나는 집사람에게 기어갔다.

"사채… 고등학교 친구가 아니라 사채잖아…왜…도대체 왜….."

집사람은 화장실로 들어가 문을 잠그고 한참을 나오지 않았다. 문을 두들겨도 답이 없었다. 아마도 저장된 사람들의 이름을 바꾸고 보안 패턴을 바꾸는 듯했다. 더 이상 내가 가장 믿어야 할 아내의 모습이 아니었다. 나는 누구와 살아왔던 걸까. 내가 함께하고 있는 이 사람과 여전히 무슨 영문인지도 모르고 할머니 집에서 아빠 엄마를 기다리는 아이들은 어떤 존재란 말인가.

억지로라도 붙잡고 싶었던 건 무너지는 가정에 대한 두려움 때문이었다.

그럼에도 함께하고 싶었다. 비겁한 변명일지 몰라도 집사람에 대한 미련 때문이 아니라 아이들을 위하고 싶었다. 며칠 뒤 그 비겁함 마저 포기하게 됐다. 집사람은 계속해서 거짓으로 일관했다. 결국 사채를 제외하고 내가 찾아나서는 수밖에 없었다. 그러는 중에 내가 살고 있는 집이 떠올랐다. 설마 했지만 혹시라도 싶어서 내가 살고 있는 집, 내가 10년을 넘게 일하며 겨우 장만한 우리 집 등기부 등본을 발급받았다. 집을 구입할 당시 어머니는 내 명의로 등록하라고 하셨다. 나는 그게 매우 서운했다. 함께 사는 집이니 당연히 나와 집사람 공동 명의로 해야 했다. 그러나 그것은 나의 큰 착각이었고 어머니의 말씀이 옳으셨다.

등기부 등본을 멍하니 바라보며 '이제 내 인생은 끝이구나.' 싶었다. 나와 집사람 그리고 우리 아이들의 성장 과정이 그대로 녹아들어 있는 집의 집사람 명의로 되어 있던 절반의 지분에 대하여 담보대출이 잡혀 있었다.

나는 지키고 싶었지만 집사람은 지키고 싶지 않았던 가정이었다. 나는 모든 것을 바쳐서라도 집사람의 과업을 덮고 싶었지만 집사람은 본인의 모든 것을 나에게 감추고 우리 가족이 함께 지내는 집마저 포기했다. 나는 더 이상 비겁한 변명으로 가족을 지킨다는 고집을 포기했다.

집을 담보로 집사람에게 돈을 빌려준 사람은 나보다 10살은 어렸다. 집사람은 본인이 집을 담보로 정확히 얼마를 빌렸는지조차 기억해내지 못했다. 그저 담보 대출의 말소를 위해 법무사 사무실에 함께 모인 자리에서 본인을 욕되게 했다는, 그 사실에만 치욕스러워 했다. 말소 비용에 대해 다만 10만 원이라도 본인 친엄마 또는 친오빠에게라도 가져오라고 했지만 빈손이었다.

나중에 추가로 밝혀진 사실은 아이들 유치원 비용과 초등학교 활동비조차 지급하지 않았다. 교육 기관에서 계속해서 비용 지급 요청을 해왔고 결국 궁지에 몰리자 어머니를 쫓아가 공갈 협박을 했다. 내가 회사에서 문제를 일으켜 급히 돈이 필요하다고 거짓말을 하여 어머니께 돈을 타간 것도 여러 번이었다. 집사람은 내 앞으로 들어놨던 실손 보험마저 나 몰래 해지하고 해약금을 타갔다. 내가 교통사고가 나고 보험사에 전화하고 나서야 알게 된 사실이다.

비겁해지고 싶었다. 가장으로 어떻게든 가정을 지키겠노라고 다짐하며 어머니와 누나들이 말려도 집사람을 두둔하려고 했다. 그것이 가장의 책임이고 역할이라고 믿었다. 돈이 얼마가 들더라도 내가 집사람을 배우자로 선택했고 내가 목숨 바쳐 지켜야 할 아이들이 있기에 그 모든 것을 책임져야 하는 것이 내 과업이라고 생각했다. 그러나 그것은 나 혼자만의 생각이었다. 이미 나의 20대 후반과 30대는 집사람의 거짓말에 놀아

났고 10년이 넘도록 헌신한 회사생활도 물거품이 되었다. 여전히 나에게
메시지로 온갖 공갈 협박을 해대는 예전의 집사람을 보며 나는 더 이상
비겁해지지 않기로 했다.

"그래야 비겁한 자신을 용서할 수 있으니까."

– 드라마 〈굿 와이프〉 중에서

◁ 내 인생의 주인이 된다는 것 ▷

상담은 진학을 고민하거나 취업을 고민하는 청소년이나 학생들에게 한정되어 있는 것이 아니다. 내가 어른이 되었다고 해서 모든 것을 나 혼자 방향을 찾고 스스로 결정할 이유는 없다. 내가 어떻게 해야 할지 방향을 찾지 못하고 결정내리지 못할 때는 이미 같은 주제로 고민했던 사람들이 운영하는 기관을 이용해보자. 이 책이 독자들의 삶이 대한 고민에 대해 조금이나마 보탬이 될 수 있다면 더없이 보람될 것이다. 저자의 정보는 책 표지에 기재되어 있다.

4

뜨겁게 살아야 할
이유를 찾아라

'나답다'는 의미는 무엇일까

나에겐 누나가 셋이다. 모두 각자의 자리에서 본인들의 가치를 충분히 발휘하여 주변에 영향력을 주고 있다. 큰 누나는 가족에 대한 사랑이 남다르다. 생각이 깊고 동생들을 생각하는 마음의 그릇이 첫째 누나는 장녀라는 역할에도 본인의 역할을 다하고 있다. 어머니가 참으로 대견해하는 첫째 누나이다. 둘째 누나는 몇 년의 회사 생활을 그만두고 수년 전 본인만의 회사를 설립했다. 사업 첫 해에는 어려움도 있었지만 지금은 성공의 길에 접어들었다. 본인은 여전히 힘들다고 한다. 하루하루가 치열하다고 한다. 그 마음 자체가 회사를 운영하는 경영자의 마인드인 것 같다. 어느덧 종업원의 마인드에서 철저히 경영자의 마인드로 전환한 둘째 누나는 견고히 자리 잡은 사업체에서 경영자의 역할을 충실히 해나가고 있다. 지금은 매형도 회사를 그만두고 본인만의 사업자 대표로 있다. 막내 누나는 '똘똘' 그 자체이다. 매사에 완벽함을 추구하는 막내 누나는 생각과 행도에 있어 매우 치밀하다. 그 성격은 몸담고 있는 현재의 조직 사회에서 승승장구할 수 있는 밑바탕이 되어주고 있다.

'~답다'는 말을 좋아한다. 본인의 역할이 무엇인지를 분명히 알고 그 역할에 충실한 사람들에게 표현하는 최고의 표현 중에 하나가 아닐까 라는 생각을 한다. 각자의 위치에서 그 역할을 충실히 해내는 누나들에게 참으로 어울리는 표현이다. 역할을 다할 때 쓰는 '~답다'는 표현은 비단 나의 가정 내에서의 위치, 사회생활에서의 역할만이 아닐 것이다. 과연 '나답다'는 것은 무슨 의미일까.

몇 해 전이다. 사업을 하고 있는 둘째 누나가 장례식장에 와 있다고 연락이 왔다. 갑작스레 장례식장이라니 무슨 일인가 싶었다. 그 사연이 너무 안타까워 한동안 깊은 생각에 잠겨 있었다. 누나 회사 직원의 갑작스런 장례식이었다. 이제 갓 20대 직원이었다. 불과 몇 개월 전 몸이 안 좋아 갔던 병원에서는 좀 더 큰 병원을 안내하더란다. 그전까지 특별한 문제없던 건강하고 예쁘기만 한 20대의 청춘이었다. 뭔가 느낌이 좋지 않아 걱정스런 맘에 찾은 대형 병원에서 들은 그녀의 병명은 대장암이었다. 그것도 이미 손쓰기 어려울 정도로 암이 온몸에 퍼져 있었다. 병명을 알고 난 3개월 뒤 그녀는 한창 꽃을 피우고 있는 여느 20대 아가씨의 모습이 아니라 피다 만 꽃잎을 온 세상에 흩날리며 우리와는 다른 세상으로 갔다.

어느 책에서 저자는 20대를 꿈을 찾아가는 과정의 나이라고 표현했다. 꿈을 고민하고 방황하는 20대에게 그것은 당연하고 건강한 고민이라고 이야기했다. 그래서 20대는 꽃을 피우는 나이라고 표현했나 보다. 한창의 나이에 본인의 꿈에 대한 고민조차 사치였을 그 직원의 3개월은 과연 어떠했을까 생각해봤다. 당장 내일을 알 수 없는 인간이라고 하지만 그저 평범했던 하루하루에 갑작스런 시한부라는 선고를 받고 '죽음'이라는 글자 하나하나가 어색하게 느껴졌을 것이다.

한 사람의 평생을 표현하는 '삶'이란 단어도 기나긴 인생을 표현하지만 참으로 간단명료한 한 개의 글자에 지나지 않는다. 하물며 '죽음'이란 단어는 더욱 그렇다. 인생을 종결짓는 단어에 차가운 느낌뿐이다. 그녀는 남은 3개월이라도 치열하게 고민하고 열정적으로 살고 싶었을 것이다. 하지만 온몸에 퍼진 암세포들은 그녀의 바람을 허락하지 않았고 그녀는 생의 남은 기간을 병원의 좁디좁은 병실 침대에서 지독한 소독약 냄새만 맡으며 보냈다. 그녀가 마지막 삶의 치열함 속에서 느낀 '나다움'은 무엇이었을까.

식구들이 둘러앉아 함께하는 식사 자리는 항상 즐겁다. 좋은 일이 있을 때면 집에서 좋은 음식을 차려놓고 때로는 멋진 식당에 식구들이 모인다. 지난 크리스마스 때는 고급스런 프랑스 식당을 예약해서 오랜만에 어머니와 모든 식구가 함께 모여 정찬을 즐기며 선물을 교환하는 매우 즐거운 시간을 가졌다. 내가 유럽의 식사 문화를 존중하는 이유 중 하나는 대화가 풍족하다는 것이다. 그들의 저녁 식사는 짧게는 2시간, 길게는 4~5시간씩 이어진다. 우리나라처럼 식탁에 한 번에 모든 것을 올려놓고 먹는 반찬 문화가 아닌 코스로 이어지는 식사 문화 덕에 대화가 풍족하다.

우리 한국의 식사 자리에서 '밥 많이 먹어라, 맛있게 먹어라.'고 반복하는 대화와는 많이 다르다. 나도 유럽의 식사 자리를 지양한다. 비록 밥 한 공기가 비우면 식사가 마무리되는 짧은 시간이지만 그 시간 안에서도 식사 시간의 가치를 찾으려 노력한다. 여느 때처럼 어머니와 아이들과 함께하는 저녁 시간에 어머니께 무심히 여쭤본 질문이 있다.

"엄마, 엄마가 지금 가장 소망하는 게 뭐예요?"

갑작스런 질문이었지만 나는 어머니의 대답을 어느 정도는 예상하고 있었다. 우리의 어머니이기 때문이다.

"엄마는 별거 없어. 내 아들딸과 손주들이 건강하고 즐겁게 살아가는 모습 보는 것. 그거로 충분해."

나답게 사는 것이 내게 생명을 준 부모님과 세상으로부터 받은 소명

이미 예상한 답변이지만 가슴이 먹먹했다. 우리 어머니의 삶은 온전히 내가 아닌 '너희'로 녹아들어 있었다. 자식들이 즐거우면 당신도 날아갈 듯 즐겁고 자식들이 어딘가 그늘져 있고 힘들어하면 마치 당신이 무슨 큰 죄를 지으신 것처럼 한동안 무겁게 계셨다. 어머니들은 본인이 10개월 품고 태어난 아이가 생기면서 본인들의 삶의 이유가 오롯이 아이들에게 전위된다.

평범한 일상 속에서 내 삶의 소중한 가치를 하루하루 깨닫는 것은 어렵다. 마치 우리가 숨 쉬는 공기, 수도꼭지만 돌리면 언제든 씻을 수 있는 물, 스위치만 누르면 언제든 집안을 밝히는 전등은 너무나 당연하다. 그것은 언제든 항상 함께이므로 그것이 내 삶에 가장 중요한 것이면서도 그 가치의 소중함에 항상 감사한 마음을 가지지 않는다.

한 번은 휴대폰 길 안내 앱의 도움을 받아 출장을 가는 길에 갑자기 휴대폰이 먹통이 되었던 적이 있었다. 갑자기 휴대폰이 파란빛으로 변하더니 꿈쩍도 하지 않았다. 몇 번을 껐다 켜도 증상이 동일했다. 휴대폰은 항상 내 손에서 나에게 정보를 제공해주고 다른 사람들과 소통하는

데 가장 긴밀하게 사용되는 전자기기이다. 한시라도 보이지 않으면 불안할 정도로 나의 분신과도 같다. 새로운 휴대폰으로 바꾸고 싶어도 이미 나의 생활에 최적화되어 있어 지금의 휴대폰을 쉽게 바꾸지 못하고 있었다. 그럼에도 집에 돌아오면 침대에 던져버리기 일쑤였다. 통화하다가 너무 화가 난 나머지 땅바닥에 던져버린 적도 있었다. 부주의로 걸어가다가 땅에 떨어뜨리기는 부지기수다.

그런 휴대폰의 갑작스런 고장에 속으로 간절히 빌었다. '제발, 제발, 제발 켜져라. 정상으로 돌아와만 준다면 내가 정말 아껴주리라.' 안타깝게도 휴대폰은 나의 간절한 바람과는 달리 내부 메인보드와 메모리까지 나가버리는 심각한 고장이었다. 휴대폰 속에 저장되어 있던 많은 자료를 잃어버린 채 어쩔 수 없이 새로운 휴대폰으로 교체했다. '휴대폰을 거칠게 다루지 말고 좀 더 아껴쓸걸.' 하는 후회가 컸다. 하지만 이미 때늦은 후회였다. 소중하지만 당연하게 여겨서 가치를 깨닫지 못했던 것들이다.

가족도 마찬가지다. 가족의 존재는 너무나 당연한 것이었다. 자의든 타의든 가족이 무너지고 나서야 나는 가족의 소중한 가치를 뼈저리게 느끼고 있다. 아이들과 전보다 더욱 살을 부대끼고 많은 대화를 나누려고 하는 이유도 그 때문이다.

얼마 전 아이들과 〈쥬만지2〉라는 영화를 봤다. 게임 속 캐릭터로 들어간 등장인물들에게 각자 3개의 생명이 주어졌다. 그들은 주어진 생명이 마지막 하나가 될 때까지는 무모하리만큼 생명을 하찮게 써버렸다. 마지막 하나의 생명이 남아서야 비로소 본인들의 모험과 도전에 목숨을 걸고 최선을 다했다.

　내가 이 세상에 태어난 것은 나의 의지가 아니었다. 하지만 내가 태어나 이 세상에 존재하는 한, 내게 주어진 하나뿐인 삶에 대해 '사람답게 그리고 나답게' 뜨겁게 살아야 할 이유가 있다. 그것이 부모님이 나를 태어나게 한 것에 대한 나의 소명이리라. 나를 가슴 뛰게 만드는 것이 무엇인지에 대해 끊임없이 고민하고 가슴 뛰는 꿈을 향해 뜨겁고 열정적으로 살아야 한다. 부모님이 주신 한 번뿐인 나의 삶이지 않은가. 나는 내가 가장 사랑하고 가장 신뢰하는 아내에게 처절하게 배신당하고 짓밟힌 후, 내 '자아'가 혼수상태가 되고 나서야 비로소 내 삶의 가치를 깨달았다. 이제 뒤늦은 후회를 하기 전에 내가 너무나 가볍게 여겨왔던 내 삶의 가치를 온 정성을 다해 뜨겁게 아껴주리라.

"지금 이 순간순간이 훗날을 살아갈 이들에게는 역사이다."

– 설민석

5

진짜 중요한 것을 끌어안고,
필요 없는 것엔 무심해져라

새로운 것은 새 그릇에 담아라

성경책 누가복음 5장에는 새 포도주와 새 부대에 담긴 얘기가 나온다.

"새 포도주를 낡은 가죽 부대에 넣는 자가 없나니 만일 그렇게 하면 새 포도주가 부대를 터뜨려 포도주가 쏟아지고 부대도 버리게 되리라. 무릇, 새 포도주는 새 부대에 넣어야 할 것이리라."

지난 9월에 정말 운 좋게 낙찰받은 아파트 명도를 진행할 때였다. 낙찰을 받고 낙찰받은 아파트에 찾아갔더니 집이 비어 있었다. 경비 아저씨께 부탁하여 내 연락처를 남겨놓고 전달해달라고 부탁했다. 평수가 큰 단지만 있는 아파트라서 그런지 몰라도 경비 아저씨는 매우 친절하게 흔쾌히 알겠노라고 말씀하셨다. 그날 저녁 모르는 번호로 전화가 왔다. 현 거주자였다. 목소리로 보아 50대 중후반은 될 듯했다. 다음 날이 추석 연휴라 연휴가 지나고 주말에 찾아가겠다고 약속했다. 전화를 저장하니 카카오톡에 현 거주자의 프로필 사진이 내 휴대폰에 떴다. 군대에 있는 아들과 함께 찍은 듯한 사진을 보니 매우 위엄 있으면서도 자상한 외모였다. 내심 다행이다 싶었다. 이 정도 인상이면 왠지 대화가 잘 통할 것 같았다. 명도 절차는 이미 한번 해본 경험이 있어 처음보다는 긴장도 덜 됐다.

약속한 날에 찾아가보니 사진에서 풍기는 외모와는 딴판이었다. 집안은 엉망이었고 언행에서 게으름이 묻어나왔다. 그분의 마인드는 한때 잘 나가던 과거에 얽매여 지금의 모습에서 변화를 기대하기가 쉽지 않아보였다. 새로운 집을 알아볼 최소한의 기한을 계산하여 이사 요청 날짜를 제시했다. 한참을 골똘히 생각하더니 예상치 못한 의견을 주었다. 다시 재기할 때까지 당분간 본인들이 지금 집에 거주하며 월세를 지불하면 안 되겠냐는 것이었다. 나는 단칼에 불가하다고 말했다.

거주자의 사정은 매우 안타깝다. 자신이 살던 집이 하루아침에 법원 경매로 넘어갔고, 전혀 알지도 못하는, 게다가 본인보다 훨씬 젊은 누군가가 대뜸 본인이 살던 집에서 나가라고 하니 얼마나 황망할까 싶다. 39평이면 작은 평수가 아니다. 이사를 나가더라도 이제는 자금 사정에 맞춰 방을 구해야 하는데 아마도 원룸 또는 투룸 정도의 월세로 집을 구해야지 싶다. 차라리 나한테 잘 얘기해서 얼마라도 주고 월세로 있고 싶은 맘이 간절했을 것이다.

그러나 나는 그분의 사정을 들어드리려고 낙찰을 받은 것이 아니다. 고가의 경매 수업을 들었다. 스스로 부동산 공부도 열심히 했고 이 아파트를 낙찰받기 위해 나 스스로 참 많은 정보를 수집했다. 그렇게 어려운 과정을 거쳐 낙찰까지 받은 것이다. 나에게 중요한 것은 어서 빨리 현재 거주자를 내보내고 집을 깨끗이 수리하고 청소하여 내가 희망하는 금액대에 임차인을 들이는 것이다.

어떻게 보면 지금의 거주자에게 월세를 받는 것이 수월할 수도 있었다. 수리도, 청소도 필요 없다. 부동산 중개 수수료도 아낄 수 있다. 하지만 현재 거주자는 이미 관리비도 몇 개월 치 밀린 상태였다. 지금의 거주자를 월세 임차인으로 뒀을 때 임대료가 수시로 밀리는 것은 불을 보듯 뻔했다. 이미 집안 곳곳이 엉망인데 더 지내는 사이 월세는커녕 수리비만 더 커질 것이 분명했다.

우여곡절 끝에 지금 그분은 이사를 갔다. 청소와 수리를 거친 집은 완전히 새집이 되었다. 새로 계약한 임차인도 신혼부부다.

때로 상대방이 본인의 안타까운 사정을 이유로 부탁하는 경우가 많다.

그때마다 나의 이해관계는 생각도 안 하고 덜컥 알겠다고 받아준다고 생각해보자. 그다음 나에게 어떤 일이 닥칠까. 그것이 비단 나뿐만 아니라 나만 바라보는 사람들(식구들 또는 사회 공동체)에게도 영향이 발생한다고 상상해보자.

회사에서 'Core business'(핵심 사업 또는 주력 사업)이라고 일컫는 분야를 선별하여 발표했다. 회사에서 생산하는 부품의 적용분야가 워낙에 방대한 이유로 사업이 중구난방이었다. 미중 무역 전쟁으로 발발한 보호무역주의 등으로 인해 세계 경제가 침체기로 접어들고 있다. 한치 앞을 예상하기 어려운 상황이다.

이런 이유로 사업부 별로 전략 사업 분야를 발표했다. 수요가 적은 분야, 수익성이 떨어지는 분야, 상대적으로 경쟁력이 떨어지는 분야 등은 과감히 대상에서 제외되었다. 필요에 따라서는 사업부를 재개편하여 인력을 축소시켰다. 생산의 효율성을 극대화하기 위해 일부 경쟁력이 떨어지는 생산라인을 폐쇄한다는 발표를 했다. 일부 영업부서나 해당 공장에서는 반발도 잇따랐다. 이미 고객사와 거래되고 있는 품목 군에 대하여는 고객사와의 마찰을 최소화하면서 공급 중단을 통보할 수밖에 없는 상황도 발생했다.

급변하는 시대에서 회사는 생존해야 한다. 강한 자가 살아남는 게 아니라 살아남는 자가 강한 자가 되는 곳이 바로 사회이다. 일부 작은 것들을 희생해서라도 내실을 키워야 하는 것이다. 대한민국 역사상 초유의 국정 농단으로 정국이 한참 혼란스럽던 시절, 사회적으로 대두되었던 것 중 하나가 『정의란 무엇인가』라는 것이었다. 엄청나게 두꺼웠던 하버드 교수 마이클 샌델의 그 책은 갑자기 한국에서 베스트셀러가 되었다. 저 자조차 어리둥절했을 것이다. 정의를 정의 내리는 데 여러 가지 실제 사례를 통해 질문하면서 독자로 하여금 스스로 고민하게 만들었던 책이었다.

여러 정의론 중에 나는 개인적으로 벤담이 주장했던 공리주의 쪽에 가깝다. 최대 다수의 최대 행복으로 많이 알려진 사상이다. 우리가 살아가면서 모두를 만족시킬 수는 없다. 우리는 살아가면서 지속적으로 여러 선택지 중에 선택해야 하는 순간에 마주한다. 그때마다 가장 옳다고 판단되는 것으로 선택하며 후보군의 선택지는 버리게 된다. 기회비용도 결정에서의 판단 요소 중 하나이다.

회사도 마찬가지이다. 경영자 입장에서의 가장 큰 임무 중 한 가지가 지속 경영이다. 생존 즉, 회사의 지속성을 위해서는 일부의 희생도 감행해야 하는 것이다. 회사의 경영 판단은 온전히 경영진에 의해서 판단된다. 전쟁에서의 승리를 위해서 경영진은 전략을 짜고 팀을 구성한다. 전장의 상황에 따라 전략과 팀은 수시로 변경된다. 더욱이 최근의 급변하는 시장 상황에서 회사는 불필요한 요소는 과감히 버리고 중요한 핵심에

만 집중한다. 피고용자의 고용 보장이 더욱더 어려워지는 것이 이 때문이다. 그래서 피고용자들은 회사에서 살아남기 위해 치열하게 내부 전쟁을 벌이든가 아니면 각자의 삶을 목숨을 걸고 고민해야 하는 것이다. 물론 이 책을 쓰고 있는 나도 피고용자이다. 나는 회사가 나의 내일을 보장해 줄 수 없다는 걸 안다. 나의 앞날을 보장해 달라고 회사에 요구하는 것 자체가 욕심이라는 생각을 최근 더욱 많이 하게 된다.

선택에서 가치만을 고민하자

작년에 집사람을 상대로 이혼소송을 진행했다. '어쩌다가 내가 이 지경까지 왔나?' 하고 스스로에게 질문도 참 많이 했다. 집사람의 내막을 알게 되고 정말 많이 걸었다. 먹먹히 걷다보면 그나마 생각이 정리되는 느낌이었다. 장대같이 쏟아지는 비를 맞으며 2km가 넘는 거리를 걷기도 했다. 이혼소송을 위해 필요한 서류를 발급받기 위해 근처 주민 센터로 가는 길이었다. 왜 그렇게 변호사 사무실에서 주민 센터까지 멀던지 한참을 걸었다. 먼 거리가 오히려 고맙게 느껴졌다. 걱정이 됐던지 막내 누나는 몇 번씩 안타까운 목소리로 전화해서는 제발 택시 좀 타고 다니라고 했다. 본인이 택시비 줄 테니 제발 몸 고생하지 말라고 했다. 전화를 끊는 내 얼굴이 빗물에 젖었다.

'뭣이 중헌디. 뭣이 중헌디. 뭣이 중헌디.' TV에서 나오는 대사가 계속

입에 맴돌았다. 나와 아이들에게 정말 중요한 것이 무엇이었을까. 나는 아내이자 아이들의 엄마를 포기했다. 나의 아내, 아이들의 엄마라는 단어조차 포기하고 싶지만 달리 표현할 방법이 떠오르지 않는 것이 안타까울 따름이다. 그 사람에 대해 무심해지고 있는 요즘 가끔 나에게 보내는 뻔뻔한 협박의 메시지들은 나의 선택이 옳았음을 철저하게 반증해주고 있다.

나는 이혼소송 중에 측은지심이 발동했다. 혼자 남을 집사람이 안쓰럽게 느껴졌다. '내가 잘하고 있는 걸까, 집사람 없이 잘 살아갈 수 있을까?' 하는 두려움도 있었다. 그것은 10년을 넘게 함께 살아온 과거에 대한 미련이었다. 하지만 관점을 달리한다면 10년을 넘게 나와 아이들을 속여온 과거였다. 나에게 진짜 중요한 것은 아이들이다. 그 사람에게 무심해진 지 이미 오래다. 우리 삶은 선택의 연속이다. 선택에서 가치를 고민하고 가치의 미래가 보잘것없다면 과감히 버리자. 그리고 이미 결정하여 지나간 것에 대해 집착하지 말자. 그것만큼 미련한 것이 없다.

"과거에 집착하면 미래를 볼 수 없어."

— 영화 〈라따뚜이〉 중에서

'~답다'는 사전적으로 "일부 명사 뒤에 붙어서 그런 '성질이 있음'의 뜻을 더하고 형용사를 만드는 접미사"로 정의되어 있다. '남자답지 못하게', '맏이답지 못하게'처럼 사회의 관용구로 사용되어 이 말에 부정적인 감정이 많은 사람들도 있을 터이다. 누군가 나에게 말하는 "너답게 살아라."라는 말은 때로 괜한 반감을 갖게 하기도 한다. 하지만 나에게 던지는 '나다운 것이란?'에 대한 질문은 나 스스로의 위치를 다시금 찾아주는 좌표인 동시에 내가 가야 할 길의 기준점이 되어 준다. 잠시 멈추고 '나다움'에 대해 생각해보자.

6

절박함이
기회를 끌어당긴다

간절히 기도하면 우주신이 들어주신다

'간절히 기도하면 우주신이 들어주신다.' 나는 두 손 모아 기도하는 종
교를 가지고 있지 않다. 기도라면 기독교 고등학교를 다니면서 조회 시
간이나 성경 수업 시간에 해본 것이 전부다. 그런 내가 기도라니 나도 무
슨 일인가 싶다.

올 여름에 수강했던 강의에서 매주 주어진 과제 중 하나가 추천 도서
읽고 후기 쓰기였다. 난생 처음 들어보는 책 제목에 의아해하면서도 과

제라 하면 학생으로서 반드시 해야만 하는 의무라고 생각했기 때문에 수업이 끝나고 귀가하자마자 읽기 시작했다. 읽다 보니 뭔가에 중독된 듯 2-3시간 만에 한 권을 다 읽은 것 같다. 나의 소망을 이루는 방법에 관한 책이었다. 수억 원의 빚은 지고 자살까지 생각한 주인공에게 나타난 우주신은 힘들어하는 주인공에게 소망을 이루는 방법을 쉽고 간단히 안내해주었다.

"내일 연구소로 방문해줄 수 있나요?"

한참이 지났지만 나는 아직도 이 전화 통화를 절대 잊지 못한다. 고객사와 한참 회사 생산 공장에 대한 감사가 진행되고 있을 때였다. 한여름에 공장 현장은 공조 장치가 설치되어 있었지만 쾌적한 사무실과는 비교할 바가 아니었다. 대부분의 공정이 자동화되어 있어 청결을 유지하면서도 공장 특유의 기름 냄새는 내가 우리 회사에 왔음을 새삼 깨닫게 해줬다. 재밌게도 이 기름 냄새는 해외 다른 공장도 동일했다. 시끄럽게 돌아가는 기계 소리로 다른 사람의 말소리도 귀 기울이지 않으면 듣기 힘들 정도였다. 자칫 그 전화도 받지 못하고 지나칠 뻔했다.

전화를 받기 수개월 전 한국 사업에서 매우 중요한 사업의 차기 프로젝트 수주에 실패했다. 당시 이사님은 괜찮다고 했지만 사실 아무리 생각해도 괜찮지가 않았다. 현재 사업이 타 업체로 넘어가면서 우리 회사의 매출 감소는 불을 보듯 뻔했다. 앞으로 새로운 먹거리를 찾아야 하는 것도 내가 속한 영업부서의 사명이었다. 아무리 생각을 해도 잃어버린 사업을 대체할 만한 사업은 떠오르지 않았다. 회사를 그만둬야 하나 생각까지 들었다.

"너희 회사는 글로벌 회사에 튼튼한 회사인데 뭘 걱정하냐. 그거 하나 수주 실패했다고 회사가 망하겠느냐. 네가 잘못한 것도 없는데 뭐가 그리 고민이냐." 친구들이나 주변 사람들은 내 속도 모르고 가볍게 이야기 했다. 어떠한 말도 위로되지 않았다. 앞으로 이 시장에서 어떻게 살아남을 수 있을까. 대안은 뭐가 있을까. 새로운 타깃 시장과 그 분야에서 우리 회사의 경쟁력은 어떠한가. 많은 고민을 했다. 향후 5년, 10년 매출 추이를 따져보면서 줄어드는 매출 그래프에 새로운 것들을 어떻게 채워야 할지 답이 나오지 않아 전전긍긍하던 때였다.

"무슨 일 때문에 그러세요?"

우리가 수주에 실패하여 다른 업체와 프로젝트를 개발 진행 중인 고객사 연구소 설계 책임자의 전화였다.

"개발 진행 중에 지금 업체와 조금 문제가 있어서 그런데 만나서 상의

하였으면 합니다."

일말의 희망이 보였다. 그러면서도 매우 조심하고 신중해야 했다. 이사님께 보고를 드렸다. 한번 만나보라면서도 크게 기대하는 것 같진 않았다. 바로 약속을 잡고 다음 날 미팅을 가졌다. 연구소와 진행된 첫날의 회의는 며칠 지나지 않아 여러 부서가 함께 참여한 대규모 미팅으로 커졌다. 생각보다 문제가 심각했다.

우리 회사 쪽에서 대안을 제시하기 위해 밤늦게까지 자료를 만들었다. 아마도 내가 직장 생활하면서 가장 늦게 퇴근하던 시절로 기억된다. 한번은 지방에서 아침 7시에 미팅이 잡혀 밤늦게까지 일하다가 다음 날 새벽4시에 일어나 미팅에 참석하기도 했다. 그날의 미팅은 12시간이 넘는 마라톤 회의로 이어져 또다시 자정을 넘기기도 했다. 그럼에도 될 거라는 희망에 피곤한 줄 모르고 일했다. 그렇게 여러 차례 미팅이 거듭된 끝에 그 프로젝트는 다시 우리가 거머쥐게 되었다. 그뿐이 아니었다. 그것을 시작으로 수요량이 급증하여 공장에 생산라인을 늘렸다. 프로젝트 수주 실패로 곤두박질칠 것 같았던 회사의 매출은 몇 년 후 오히려 과거의 매출 기록을 갱신했다.

아직도 그때를 생각하면 에너지가 솟는다. 가장 힘들었던 위기의 시기에 최고의 기회가 찾아온 것은 그저 우연은 아니었으리라.

좌절의 시절에 찾아온 기회

단돈 몇천 원도 아끼던 나였다. 결혼 전부터 재테크를 공부했다. 외벌이었던 나는 신혼 때부터 내 월급을 목적 단위로 쪼개어 최대한 많은 부분을 재테크로 투자했다. 자연스럽게 돈 관리도 내가 했다. 아이들 기저귀 값, 분유 값도 아껴가며 알뜰히 저축했다. 그렇게 알뜰하게 모았던 돈은 2018년 한순간에 물거품이 되었다. 집사람의 그릇된 행동으로 그동안 매월 저축해둔 돈은 밑 빠진 독에 물 붓기 격이었다. 열심히 물을 부었지만 들여다보니 독 안에 남아 있는 것은 아무것도 없었다.

비록 직장은 있었지만 나이 40세가 넘어서 집도 없고 모아둔 돈도 없다는 사실에 그냥 주저앉아버리고 싶었다. 파산 직전의 상태를 만든 집사람까지 포기해버렸다. 앞으로 어떻게 살아야 하나 답을 찾기가 어려웠다. 회사의 월급이 적은 편은 아니지만 그것만 의지해 처음부터 다시 시작해야 한다니 그저 막막했다. 행여나 내가 무너지면 나를 믿고 의지하는 아이들마저 무너질까 싶어 한동안 술도 끊었다. 정신을 바짝 차리고 내가 가야 할 방향을 찾았다. 지인들과 이야기를 나누고 인터넷으로 정보를 찾고 도서관에서 여러 책을 찾아봤다.

그러던 중 어느 날 필연적으로 발견한 것이 부동산 경매였다. 적은 돈으로도 시작할 수 있다는 것이 매력적이었다. 여러 금융 투자 상품도 고려해보고 일부 투자도 해보았으나 내가 가진 돈 자체가 크지 않은 탓에 금융 상품의 수익률이 아무리 높다고 해도 내가 받을 수 있는 돈의 절대 금액은 보잘 것 없었다. 그런데 부동산은 달랐다. 대출의 레버리지를 활용할 수 있다는 것이 가장 큰 장점이었다. 더욱이 부동산 경매는 적은 돈으로도 부동산 투자를 할 수 있다는 장점이 있었다.

즉시 눈에 띈 책을 빌려서 그날로 완독했다. 저자의 정보를 조회하여 저자가 운영하는 카페에 가입했다. 다음 날 카페를 운영하는 저자에게 전화가 왔다. 그 주말에 저자와 1대1 상담을 진행했다. 나의 지금 상황을 숨길 이유가 전혀 없었다. 나의 지난날을 다 보여주었다. 그리고 저자가 운영하는 경매 수업에 등록했다. 등록하고 집에 돌아오는 길에 저자이자 부동산 경매 카페 대표인 '김서진' 대표에게 문자 한 통을 받았다.

"목숨 걸고 합시다. 내가 될 때까지 목숨 걸고 가르칩니다."

잠깐 목숨을 포기할까도 생각했던 나는 이제 살기 위해 목숨을 걸었다. 그렇게 시작한 부동산 초보의 부동산 경매 공부였다. 강의를 등록하고 6개월 뒤인 지금 나는 경매로 내 연봉 수준의 차익으로 아파트 2채를 보유하고 있는 임대인이다.

나는 신을 믿지 않는 무신론자다. 그럼에도 나는 매일매일 기도한다. 하루 10번씩 반복하며 오늘의 삶에 감사하며 내 꿈을 위해 기도한다. 한

때 배우 송강호의 영화 대사였던 '헝그리 정신'이란 말이 유행했다. 스티브 잡스가 본인이 어릴 때 봤던 책의 문구로 어느 강연에서 인용한 'Stay hungry, Stay foolish.'는 어느덧 그를 대표하는 말이 되었다. 1986 아시안게임 때 육상 3관왕에 오른 임춘애 선수의 "라면만 먹고 뛰었다."라는 말은 그 시대를 살아온 사람들은 누구나 기억하는 유명한 말이다. 사람은 절박함 속에서 비로소 기회를 찾는다.

"구하라 그러면 너희에게 주실 것이요. 찾으라 그러면 찾아낼 것이요. 문을 두드리라 그러면 너희에게 열릴 걸이니."

– 마태복음 7장 중에서

환경이
운명을 바꾼다

불우하다는 것은 경제적인 어려움만을 뜻하지 않는다

식구들이 함께 저녁 식사를 하는데 갑자기 초등학교 5학년 첫째 아이가 답답하다는 듯 말을 꺼냈다.

"아빠, 요즘 애들은 왜 그렇게 욕을 하는 거야? 심지어 가만히 있는 애들을 괴롭히고 때리는 애들도 있어!"

인터넷 기사에서만 보던 학교 폭력을 아이 입을 통해 듣고 화들짝 놀랐다. 다행인지 불행인지 우리 아이는 괴롭힘을 당하지 않았지만 불과 초등학교 5학년, 6학년 아이들이 또래 아이들에게 거친 욕을 하고 폭력을 행사한다는 건 도저히 이해되질 않았다. 성인인 나도 욕은 거의 하지 않는다. 아주 간혹 운전하다가 감정이 격해지면 혼잣말 정도 하는 수준이지만 그것마저도 나이가 40세가 넘으니까 '뭐, 그럴 수도 있지.' 하고 넘겨버리기 일쑤다. 하물며 초등학생이 욕도 모자라 친구들에게 주먹질까지 한다니 그 얘기를 듣고 담임 선생님께 말씀을 드려야 하나 싶었다. 곰곰이 생각하다가 아이들과 대화를 이어갔다.

"불우하다는 말 알아? 불우이웃이라고 들어봤지? 불우하다는 건 단지 돈이 부족해서 가정 형편이 어려운 사람들만 일컫는 게 아냐. 끼니를 제대로 해결하지 못하는 사람들이나 자식들 교육을 원하는 만큼 시켜주지 못하는 사람들도 불우한 사람이지. 그것뿐 아니라 가정교육이 제대로 안 된 집도 불우한 사람들이라고 생각해. 사랑을 충분히 받지 못하는 아이들, 아이가 올바르지 못한 행동을 하는데도 바로 잡아 주지 않는 집안. 불우이웃돕기란 돈만 기부하는 게 아니라 가정생활 환경이 상식을 벗어나는 주변 이웃도 함께 돌봐야 하는 거지. 학교에서 거친 욕을 하고 아이들을 때리고 다니는 아이들은 결국 사랑을 제대로 받지 못하는 환경에서 자라서 관심을 받고 싶어 하는 행동이 그런 식으로 표현되는 거야. 생각해보면 불쌍한 아이들이지."

위기의 부부를 다루는 TV 프로그램을 보면 전문 상담사가 상담 중에 꼭 확인해 보는 것 중에 하나가 과거의 자라온 환경이다. 폭력 속에서 자란 아이는 그것이 무의식중에 몸에 배어 결혼 후에 가정 폭력으로 이어지는 경우를 많은 것이다. 사랑이 부족했던 아이는 성장하면서 표현이 삐뚤어지고 결국 사회생활에 적응하는 데 어려움을 보인다.

'교육자 집안'이라는 말이 있다. 교사를 업으로 두고 있는 집을 보면 가족 구성원 중에 교사가 여럿 있는 경우가 상당히 많다. 내 주변에도 선생님을 직업으로 두고 있는 지인들이 여럿 있다. 신기한 건 그들의 집안을 살펴보면 부모 중 교직에 있거나 교직에서 정년퇴임한 경우가 많다는 것이다. 더욱이 형제 중에도 현직 교사로 있는 경우가 대다수다. 교사 집안의 환경 덕에 결국 한 집안에서 다수의 교사를 배출할 수 있었으리라. 어른들이 배우자를 선택할 때 집안을 보라는 이유는 모두 이런 까닭일 것이다.

결혼 후 어머니 댁 근처로 집을 사서 이사를 왔다. 2018년 집사람이 저지른 엄청난 채무를 상환하기 위해 집을 처분하기전까지 약 10년을 살았다. 그 기간에 어머니가 집에 오시는 건 손에 꼽을 정도이다. 처음에는 집 근처인데도 아들 집에 잘 오시지 않는 어머니께 서운한 마음도 들었었다. 하지만 나중에 어머니 말씀을 듣고 나서야 이해가 되었다. 우리 집에 오시면 집안이 너무 정신없어서 집에 왔다 가면 한동안 머리가 아프시다는 것이었다.

부끄럽게도 우리 집 상태는 엉망이었다. 아버지 성격을 닮아서 정리 정돈이 습관화된 나였지만 집사람과 지내면서 점점 나를 내려놓게 되었다. 내가 생활하는 안방과 거실 일부를 제외하고는 나조차도 포기하며 살았다. 때로 회사에서 퇴근하여 집에 돌아왔을 때 집안이 지나치게 지저분하면 옷도 갈아입지 않고 청소기부터 찾을 때도 종종 있었다. 나는 아이들이 지내는 작은 방과 베란다는 출입조차 하지 않았다. 발 디딜 틈 없는 공간에서 아이들이 잠을 잘 때면 안쓰러운 마음조차 들었다. 작은 방에 붙어 있는 베란다는 흡사 쓰레기장이었다. 베란다 문으로 나가는 미닫이문조차 온갖 짐들로 열리지 않을 정도였으니 말이다.

냉장고는 죽은 날파리와 유통기한 지난 음식들로 채워졌다. 신혼 때는 냉장고 속 상한 음식들을 내가 한 번씩 거둬 내서 치우곤 했다. 어머니가 정성스레 해주신 음식이 방치되어 결국 내 손으로 음식물 쓰레기통으로 버릴 때면 울화통이 터질 때도 있었다.

나이가 들어가면서 그마저도 내 맘대로 되지 않았다. 내가 치우려 하면 이러저러한 이유로 화를 냈다. 집안에 큰소리 나는 게 싫었다. 서랍 속마다 가득한 영수증도 버리려고 하면 낚아채서 도로 서랍 속으로 넣었다. 지금 생각해보면 뭔가 감춰놓은 것들이 들통날까 봐 쓰레기 더미들로 켜켜이 감춰놓았나 싶다.

집을 처분하고 철거 업체를 불러서 짐을 모두 수거해 가는데 업체 직원들이 혀를 내둘렀다. 구석구석에서 끊임없이 나오는 짐들 때문에 결국 사전에 계약된 금액에서 추가금을 지불해야 했다. 집을 처분하면서 억장이 무너지는 느낌이었다. 동시에 그동안 쌓여 있던 쓰레기 같던 짐들이 모두 빠져나가니 속 시원한 감정과 함께 묵은 때가 씻기는 느낌이었다.

첫째 아이는 주의가 산만했다. 혼자 오랜 시간 책상에 앉아 있길 못했다. 수시로 책상과 거실을 들락거리기 일쑤였다. 아이의 체격은 내가 어릴 때의 체격과는 달리 매우 말랐었다. 밥을 먹여도 잘 먹지 않는다는 집 사람의 설명이었다. 식탁에는 인스턴트 음식들이 종종 올라왔다. 비염으로 매번 코를 훌쩍거렸다.

아이들에게 얘기한 불우한 집안이 멀리 있지 않았다. 지난 수년간 정리되지 않는 집안에서 나의 아이들이 방치되어 있었다. 타의에 의해 어머니 댁으로 들어오긴 했지만 한편으로는 그 집으로부터의 탈출이었다.

나이 마흔에 찾아온 긍정적 환경에서 다시 꿈을 꾸다

거짓말 같았다. 아이들은 어머니 댁으로 거처를 옮기고 나서부터 몰라보게 달라지고 있다. 전혀 살이 찔 것 같지 않았던 아이들의 몸이 살이 붙기 시작했다. 본인들도 신기한지 매일 체중계를 가져다가 몸무게를 쟀다. 하루가 다르게 늘어나는 체중에 건강도 좋아졌다. 첫째 아이의 비염이 상당히 호전됐다. 환절기면 휴지를 차고 다니던 아이였다. 비염이 너무 심해 코가 내려앉았다는 얘기도 소아과 의사에게 들었던 아이였다.

아이들 다니는 학원을 대부분 그만두게 하고 집으로 가정교사를 불렀다. 어머니의 뜻이었다. 산만한 아이들을 바로 잡기 위해서는 여러 아이가 있는 학원보다는 1대1 교육이 훨씬 효과적이라는 말이었다. 비록 교육비용이 이전보다 더 들어갔으나 그것은 문제가 되지 않았다. 어머니 댁으로 들어오면서 고정비 지출이 훨씬 줄어든 덕이다. 어머니는 매번 방문 선생님들이 수업을 마칠 때마다 아이의 학습 내용과 태도에 대해 선생님들과 의논하셨다. 공부방을 함께 쓰고 있는 나도 아이들과 함께 공부하면서 아이들의 태도를 점검했다.

이제 어머니 댁으로 거처를 옮긴지 1년이 조금 넘어간다. 쏜살같은 1년이라지만 그 기간에 아이들은 몰라보게 달라졌다. 엄마 없는 한부모 아이들에 대한 염려는 괜한 기우였다. 어머니의 정성 덕분에 이전보다 훨씬 더 건강하고 밝아졌다. 정리 정돈이 습관화되었다. 친구들과의 관계에서도 잘하고 어른들을 대할 때도 예의를 다하고 있다. 학교 선생님들과 학부모 면담을 하러 가면 아이들에 대한 칭찬 일색에 나도 모르게 으쓱해진다.

사랑이 충만한 매우 정상적인 가정을 유지하고 있었다면 더할 나위 없었을 것이다. 안타깝게도 그 바람은 이루어지지 않았다. 하루하루 살아가기 바빴다. 집은 편안한 안식처일 때보다는 이루 말할 수가 없이 답답할 때가 많았다. 이전과는 다른 긍정적인 환경에 아이들과 나의 태도와 마음가짐, 더 나아가 운명을 바꾸고 있다. 아이들이 꿈을 꾸기 시작했다. 나 역시 마찬가지다. 아이들과 나의 책상 앞에는 버킷 리스트가 자리 잡고 있다. 올해 나의 목표는 현실이 되었다. 아이들의 버킷 리스트도 내가 지원해 줄 수 있는 것이라면 최대한 지원하려 한다. 버킷 리스트에 같은 항목이 있음을 발견하고 더없는 기쁨을 느끼기도 했다. 비록 40대에 새로 시작하고 있지만 나와 아이들의 내일은 분명 밝다.

"만족하며 살고, 때때로 웃으며, 많이 사랑한 사람이 성공한다."

– 윌리 휴엘

8

우리 삶에는
계속 기회가 있다

준비된 자들에게 기회의 문은 항상 열려 있다

영어로 'Lesson Learnt'란 말이 있다. 한영사전으로는 '교훈'이라고 번역되는 이 말은 과거에 발생된 문제를 개선함으로써 다음에 도래할 일에 대해 사전 예방하자는 의미이다. 회사에서 신규 프로젝트를 진행하면 필수로 점검하는 내용이 바로 'Lesson Learnt'다. 새로 개발되는 제품을 기획하면서 미리 시행착오를 최소화하기 위함이다. 나는 이 사전 예방 자료를 준비하면서 가끔 이런 생각을 한다. '만일 이 프로젝트를 수주하지 못했더라면 과거의 문제 개선 내역이 필요가 있었을까?'

몇 해 전 고객사와 함께 브라질로 출장을 갔다. 당시 수주한 프로젝트의 제품이 우리 회사 브라질 공장에서 생산될 예정이었다. 난생 처음 가보는 브라질은 정말 고행이었다. 말이 직항이지 10시간이 걸려 미국 LA에서 비행기에 중간 급유를 하고 또다시 10시간을 비행하여 브라질 상파울루에 도착했다. 직원이 마중을 나오긴 했지만 그곳에서 차를 타고 2시간 정도를 더 가야 했으니 집에서 나와서 거의 30시간 만에 브라질 공장에 도착할 수 있었다. 다음날 아침 일찍부터 현장 실사가 진행되었는데 함께 간 고객사 담당은 매우 꼼꼼하게 모든 것을 챙겼다.

현장은 매우 운영이 잘되고 있었다. 자재 입고부터 생산라인 출하까지 흠잡을 데가 없었다. 내가 가장 인상 깊었던 것은 'Lesson Learnt'를 정리한 자료였다. 공장을 운영하면서 그리고 프로젝트를 개발하면서 발생됐던 문제점들이 두툼한 파일철에 일목요연하게 정리되어 있었다. 문제점들에 따른 개선 내역과 개선 일자, 주관 부서 등까지 과거의 내역을 한눈에 볼 수 있었다. 공장 책임자는 새로운 개발 건에 대해 그 파일의 내역들을 통해 반복될 수 있는 문제점들을 사전에 차단하고 있었다. 고객사 감사 담당자도 관리 내역을 매우 인상 깊어 했다. 한참을 들여다보며 본인도 배워야겠다고 칭찬했다. 내가 다녀본 공장 중에서 이처럼 과거 문제 개선 내역을 일목요연하게 정리한 공장은 그 후로도 찾아보기 어려울 정도였다.

브라질 공장은 철저한 관리에도 불구하고 최근 신규 수주건이 적어 고민이 많았다고 한다. 충분치 못한 생산 가동률로 골치를 썩고 있는 중에 한국에서의 수주는 그야말로 낭보였다. 그들이 쌓아온 과거의 노하우는 새로운 기회의 프로젝트에 온전히 녹아들어 성공적으로 프로젝트를 완료할 수 있었다. 아직도 간혹 연락하고 지내는 당시의 브라질 공장 책임자는 그 이후 승승장구하여 현재는 그룹의 유럽 본사에서 근무하고 있다.

준비된 자들에게 기회의 문은 항상 열려 있다. 나는 당시 브라질 책임자의 업무 방식과 태도를 높이 샀다. '남미 사람들은 게으를 것이다.'라는 편견을 완벽히 깨준 인물이었다. 아침 일찍 출근하여 팀원들의 업무들을 세심하게 챙겼다. 문제가 있는 것들은 매우 현명한 방식으로 해결해나갔다. 현장 실사가 진행되다가 간혹 그 책임자가 내 눈에 띄지 않으면 불안할 정도로 공장 내에서는 독보적이었다. 알고 보니 과거 차 문제 개선 내역을 취합하는 주관장도 그 직원이었다. 기회를 잡는 사람들의 이유를 분명히 보여주는 전형적인 인물이었다.

시련의 시기에 맛본 부동산 낙찰로 다시 희망에 눈을 뜨다

올해 6월 나는 부동산 투자를 하기로 마음먹고 그 방법 중 하나로 경매를 배우기 시작했다. 모두 수업 과정 중에 낙찰을 받겠노라며 눈에 불을 켜고 수업에 집중했다. 거기서 낙오되거나 뒤처질 수 없었다. 당시의 열정대로라면 제주도에 위치한 입찰 물건도 고민 없이 참여할 마음가짐이었다. 전국 물건을 모두 입찰 대상으로 두고 조회했다. 경매는 낙찰로 끝나는 것이 아니라 현재 거주자와 명도 협상도 해야 한다. 명도가 끝나도 여러 가지 후속 조치로 낙찰 받은 집과 근처 부동산에 여러 차례 다녀야 하기 때문에 거주지에서 먼 지방은 물리적으로 힘이 많이 든다. 하지만 당시에는 그런 것도 전혀 문제가 되지 않는다고 생각했다.

틈날 때마다 경매 물건을 검색하고 조사하던 중에 눈에 들어온 것이 대전에 있는 경매 물건이었다. 30평이 조금 넘는 주상 복합 아파트였는데 지리적 위치가 매우 좋았다. 그럼에도 이미 두 차례 유찰이 되어 있었다. 대표님과 상의하여 본격적으로 조사하기로 했다.

회사 휴가를 내고 난생 처음 대전으로 향했다. 새벽부터 차를 가지고 이동하여 주변을 샅샅이 조사했다. 사진에서 보던 것보다 입지가 훨씬 좋았다. 지하철역이 걸어서 5분 미만 거리인데다가 교육 시설 또한 최고였다. 확신이 섰다. 내가 살아도 부족함이 없는 동네였다. 가슴이 뛰었다. 입찰 물건을 밖에서 보고 또 봤다. 단지 내 같은 평형의 집도 부동산을 통해 확인한 후였다.

내 생애 첫 입찰이었다. 사전에 법원에서 모의 입찰을 해보았으나 모의와 실전은 심적으로 달랐다. 너무나 떨렸다. 법원 문을 열기도 전에 도착하여 한참을 기다려 경매장 안으로 들어갈 수 있었다. 집행관이 입찰 안내를 설명하는데 혹시라도 놓칠까 봐 집중해서 들었다. 정말 '나는 경매 처음입니다.'라는 초보 티를 내고 있었다.

설명이 끝나고 본격적으로 입찰 용지에 밤새 내가 생각해두었던 입찰 가액을 적었다. 입찰가액을 적는 마지막 순간까지도 '이 금액이면 될까 아님 더 높일까?' 그동안 내가 조사한 시세와 내가 생각한 차액 사이에서 엄청난 고민을 했다. 마치 로또 번호라도 적어내듯 1원 단위까지 적어서 입찰통에 넣었다. 이제는 발표까지의 기다림만 남았다. '내가 될 수밖에 없어. 그 이상 적는 건 말도 안 돼. 분명 내가 될 거야.' 머리가 터지도록 되뇌었다.

"다음 건입니다. 2018타경XXXX."

드디어 내가 참여한 경매 물건이었다. 누런 봉투에서 입찰 용지를 모두 꺼내 높은 금액 순으로 정리한 후 집행관이 이름을 불렀다. 집행관 앞에 서 있던 나는 다리에 힘이 쭉 풀렸다. 내가 아닌 다른 여성분의 이름이 호명되었다. 입찰가액은 터무니없게도 내가 조사한 시세보다도 훨씬 높은 가격이었다. 정말 많은 생각이 들었다. '저 사람은 왜 저 가격에 입찰을 했을까.' 심지어 더 좋은 로얄층 남향에 급매로 나온 집도 그 입찰가액보다 가격이 낮았다. 낙심이 컸다. 기차를 타고 서울로 올라오는 길은 모든 걸 다 잃은 것만 같았다. 패찰에도 무심 하라던 다른 분들의 조언이 그 순간만큼은 무의미해 보였다. 결국 나는 수강 과정 중에 낙찰 받지 못하고 과정을 수료했다.

마음을 가다듬고 다시 시작했다. 경매를 하는 사람들을 보니 낙찰까지 10번 이상 패찰하는 사람들이 부지기수였다. 패찰만 하다가 아예 경매를 포기하는 사람도 많았다. 어차피 나는 더 이상 잃을 것도 없는 상태였다. 집도, 모아둔 돈도 집사람 덕에 모두 날리고 밑바닥부터 다시 시작하는 것이다. 내가 두려울 게 뭐가 있는가. 더 이상 좌절할 게 무엇이 있는가. 나는 모든 게 처음이고 모든 것이 시작이다. 다시 시작하자. 그렇게 나는 경기 남부 지역의 입찰 물건을 선택하고 대전 물건처럼 치밀하게 조사했다. 여러 차례 현장 답사도 다녀왔다.

모든 준비가 끝났다. 입찰 당일 법원에 도착하여 마지막 점검을 끝냈다. 대전 때와는 달리 스스로 초보 같아 보이지 않았다. 이제는 입찰가액을 적어내는데도 그렇게 떨리지도 않았다. 초보처럼 입찰가액을 1원 단위까지 적지도 않았다. 내 경매 물건에 총 14명이 참여했다고 조사관이 안내해주었다. 역시 입지 좋은 아파트에는 경쟁률이 높았다. '저 정도 경쟁률에 과연 내가 될 수 있을까?' 잠시 생각하는 중에 조사관이 낯익은 이름을 호명했다. 내 이름이었다. 순간 모두가 쳐다보는 자리에서 주저앉을 뻔했다. 2018년 나의 힘들었던 시간들이 내 앞을 스쳐갔다. 낙찰 영수증을 들고 어머니께 낙찰 소식을 전해드렸다. 나도 모르게 목이 메고 눈물이 났다. 누구보다도 아들의 고난을 마음속으로 안타까워하면서 행여나 아들이 기죽을까 봐 속으로 우셨던 어머니다. 전화기를 통해 들리는 어머니의 목소리도 떨리고 있었다.

첫 번째 낙찰을 받은 지 약 3주 만에 경기도 지역의 39평 아파트를 새로 낙찰 받았다. 당시 18:1의 더욱 높은 경쟁률이었다. 심지어 차순위와 불과 100만 원 차이로 낙찰을 받았다. 속전속결의 해당 법원의 집행관 덕분에 내 이름은 내가 정신도 차리기 전에 호명되었다. 나에게 2018년이 절망의 시기였다면 2019년은 희망과 기회의 시기였다. 만일 고통과 절망 속에서 누군가 원망만 하며 지내왔다면 새로운 기회는 절대 오지 않았을 것이다. 뼈저리게 아프지만 과거의 문제점들을 다시 돌아보고 그것을 개선해나가고 철저히 준비한 덕에 나는 지금 새로운 기회를 잡아가고 있다.

'지금 삶이 힘든 당신, 이 세상에 태어난 이상 당신은 이 모든 걸 매일 누릴 자격이 있습니다.'

– 〈눈이 부시게〉 중에서

◁ 내 인생의 주인이 된다는 것 ▷

사회 이슈로 급부상한 것 중 하나가 '개 구충제'이다. 말기 암 환우 분들이 생명의 절박함 속에서 치료약으로 선택한 것이 바로 그것이다. 이것은 대학로에서 다년간 거리 공연을 한 개그맨 '김철민' 씨의 선택이기도 했다. 각종 매체에선 검증되지 않은 약의 효능에 대한 기사가 줄을 이었다. 개그맨 '김철민'씨의 선택을 믿는다. 많은 말기 암 환우 분들의 선택을 믿는다. 그분들의 생명을 건 절박함은 그 누구보다 강력하기 때문이다. 나는 지금 절박한가?

3 장

멈추거나 포기하지 말고 더 버텨라

1

성공한 사람들의 도전은

모두 과거형이다

어제의 희생과 노력은 오늘의 행복이다

어느 회사의 대표로 계신 분의 강연을 들을 기회가 있었다. 열띤 강연 중 문득 청중에게 이런 얘기를 던졌다.

"저는 '작심삼일'이란 말을 좋아합니다. 무엇이든 맘먹고 시작했다는 뜻이잖아요. 작심삼일이면 어떻습니까? 삼일 뒤에 다시 작심하면 되죠. 중요한 것은 3일이라는 기간이 아니라 '작심한 것을 했느냐 아니면 시도 조차 하지 않았느냐'입니다. 그것이 여러분의 인생의 방향을 바꿔놓습니다."

한창 뭐라도 하겠다고 열띤 포부를 가지고 있을 때였다. 평소 때라면 진부하게 들릴 수도 있는 그 말이 그날따라 귀에 박혔다. '내일부터 해야지, 다음 주부터 해야지, 명절 연휴 지나서 해야지, 몸이 좀 회복되면 해야지, 돈이 좀 더 모이면 해야지.' 우리의 그럴듯한 이유는 끝이 없다.

시계추처럼 집과 회사를 반복했다. 오전 시간에 밤새 온 메일을 확인하고, 주어진 일을 처리하다 보면 점심시간이다. 그다지 식욕은 없지만 습관처럼 식당에서 무엇이라도 입속으로 욱여넣는다. 식사 시간은 모두 말이 없이 적막하다. 특별히 할 얘기는 없지만 같은 팀이라는 의리로 혼밥 대신 여럿이 함께 식사 시간을 공유한다. 오후에 몇 차례 미팅과 업무를 보다 보면 퇴근 시간이다. 저녁 시간에 귀가하여 잠시 TV를 보다 보면 어느덧 밤이 늦었다. 출근하자마자 퇴근하고 싶지만 정작 집에 가면 마땅히 하는 것도 없다.

하루는 점심 식사 후 커피 한잔을 마시려고 사내 휴게실에 들어가는데 이사님이 신문을 보고 있었다. 내가 들어온 것을 보자 마침 하고 싶었던 말이 있었던 듯 신문을 덮었다. 무슨 일인가 긴장하며 자판기에서 커피를 뽑고 있는데 이사님이 내가 평소 퇴근 후에 무엇을 하는지 물었다. 딱히 드릴 말씀이 없었다. 당장 어제 저녁만 해도 그다지 특별할 것 없는 시간이었다. 머뭇거리는 나에게 이사님은 어떤 뜻인지 알겠다며 웃으셨다. 그리고 진지하게 미래를 준비하라고 말씀하시고 나가셨다.

그분의 표현은 의미심장했다. 회사에서 성공을 하고 싶은지 또는 언젠가 퇴사해서 나만의 일로 성공하고 싶은지 진지하게 생각해보라고 했다. 젊은 시간은 금방이니 지금 당장 식구들과 함께 보내는 시간도 좋지만 향후에도 여전한 행복을 유지하기 위해 오늘을 투자하라 하셨다. 그 얘기를 듣는 당시에는 건성으로 "조언 감사합니다."라며 인사치레만 하고 자리로 돌아왔다. 그러나 어느 날부터 이사님의 조언이 계속 머리에 맴돌았다. 신문을 보면서도 자기 계발과 관련한 광고가 계속해서 눈에 들어왔다. 그럼에도 아무것도 하지 않은 채 몇 개월이 지나 새로운 해가 밝았다. 여느 때처럼 새해 각오를 생각하다가 비로소 그분의 조언을 되새기며 결심했다. '그래 나도 준비하자.'

신문과 각종 미디어를 통해 검색한 끝에 시작한 것이 7개월 과정의 온라인 MBA였다. 4월에 시작하여 최종 수료 과제까지 고려하면 그해 11월에 끝나는 과정이었다. 서울 시내 어느 호텔에서 진행된 사전 설명회에 참석하여 7개월 과정을 등록했다. 당시 특강 강사로 오셨던 뇌 과학 전문가 이시형 박사의 강연은 아직도 뇌리에 깊게 박혀 있다. 1934년생인 그분은 여전히 '장수의 아이콘', '국민 의사'로 불리고 있다. 걷기와 씹기가 세로토닌 분비 즉, 뇌 자극에 좋다 하여 꾸준히 실천하시는 그분의 말씀에 나는 식사 후에 껌을 씹는 게 습관이 됐을 정도다.

온라인 강의는 정해진 장소와 시간이 없기 때문에 강제성이 덜하다. 자칫 나태해지면 중간에 포기하는 경우가 부지기수다. 특히 7개월이라는 길다면 긴 시간은 스스로 그 꾸준함을 이어가기 쉽지 않은 기간이다. 집에서는 여러 환경 때문에 공부를 유지하기 어렵다고 판단했다. 그래서 매일 평소보다 한 시간 일찍 출근하고 한 시간 늦게 퇴근하기로 마음먹었다.

7개월간 7개 과정에 각각의 책과 과정별 추천 도서까지 양도 만만치 않았다. 한 과정이 끝나면 과제가 주어지고 과제 점수가 미달되면 다음 과목으로 넘어갈 수가 없었다. 이왕 시작한 거 끝까지 완료하고 싶었다. 내가 공부하는 모습이 아이들에게도 귀감이 될 수 있을 거란 생각도 했다.

한 번은 새벽 일찍 회사에 먼저 나와 강의를 듣고 있는데 사장님이 나를 발견하고 이른 시간에 뭐하는 중이냐고 물으신 적이 있다. 공부 내용을 말씀드리니 대견하다며 격려해주셨다. 사장님은 하루도 빠지지 않고 매일 새벽 한 시간씩 영어 학원을 다니셨다. 젊은이들 틈에서 영어 공부를 하는 것이 좋다며 정년 퇴임을 하기 전까지 끊임없이 공부하시는 모습이 존경스러웠다.

회사 일로 출장을 갈 때면 노트북과 교재를 챙겨가서 그날의 수업은 꼭 완료했다. 그렇게 7개월 과정을 무사히 완료하고 수료식에 참석하여 대학 졸업 이후 오랜만에 사각모를 쓰고 수료증을 들고 기념 촬영까지 했다. 그때의 뿌듯함은 이루 다 말할 수가 없다.

그 이후 거짓말 같은 일들이 생겼다. 수료 소감을 A4 한 장으로 써서 보내달라는 말에 그동안의 소감을 적어서 교육기관에 보냈더니 글의 내용이 너무 좋다면서 광고에 사용해도 되겠냐고 했다. MBA를 공부하는 중에 신규 프로젝트도 수주하고 승진까지 하는 등 좋은 일들이 함께 일어났기에 그런 내용들을 수료 소감에 적었었는데 공부를 통해 성과까지 얻어내었다니 교육기관에서 맘에 든 것 같았다. 나의 소감은 KTX 매거진과 일부 매체의 광고를 통해 나의 수료 사진과 함께 전국을 돌았다. 얼마 후 KTX 매거진에서 나를 발견한 거래처에서 정말 대단하다며 전화까지 해주었다.

그해를 마무리하는 송년회에서 이사님이 테이블에 둘러앉은 직원들에게 각자 올 한 해 가장 기억에 남거나 축하받고 싶은 것을 한 명씩 얘기해보라고 했다. 내 순서에서 나는 망설임 없이 MBA 과정을 무탈하게 마친 것에 대해 축하받고 싶다고 말씀드렸다. 그것은 1년 전 이사님의 조언을 통해 시작되었고 1년이 지난 후 결과로써 이사님께 말씀드릴 수 있었다.

신기하면서도 즐거운 경험이었다. 나는 MBA 공부의 지식 덕분에 신규 프로젝트나 승진 등 좋은 일들이 생겼다고 생각하지 않는다. 다만 지나고 나서 생각해보니 나의 열정적인 도전으로 인해 긍정적인 기운들이 주변에 많이 생겨난 것이 아니었나 생각이 든다. 퇴근 후 그리고 주말을 단순히 휴식이라는 생각에서 나의 발전을 위한 공부의 시간으로 의미를 바꾼 덕에 나는 한 단계 발전할 수 있었다.

새로운 도전으로 다른 삶을 살아가는 사람들

한국에서 가장 성공한 기업가 중 한 명을 꼽는다면 단연 현대그룹 고 정주영 회장을 꼽는다. 강원도에서 가난한 농부의 아들로 태어난 그는 지긋지긋한 가난을 벗어나 청운의 꿈을 품고 상경했다. 이후 경부고속도로 건설, 최초의 국산차 포니를 생산했다. 거북선이 그려져 있는 500원짜리 지폐로 영국에서 차관을 들여와 맨손으로 조선업을 일군 일화는 여전히 신화로 남아 있다. 고 정주영 회장은 경영 일선에서 많은 명언을 남겼는데 그중 가장 많이 회고되는 것 중 하나가 "이봐, 해봤어?"라는 말이다. 해보지도 않은 사람이 말이 많다며 일단 해보고 얘기하라는 말이다.

뷰티 크리에이터로 활동 중인 전직 개그맨, 프로 볼링 선수로 활동하고 있는 전직 체조 국가 대표, 59세에 9급 공무원에 합격한 전직 CEO, 재단을 설립하여 사회적 약자를 지원하고 있는 전직 역도 국가 대표. 그들은 모두 자신들의 현재에 만족하지 않고 새로운 도전으로 이전과는 다른 삶을 살고 있는 사람들이다. "20년 후 당신은, 했던 일보다 하지 않았던 일로 인해 더 실망할 것이다. 그러므로 돛 줄을 던져라. 안전한 항구를 떠나 항해하라. 당신의 돛에 무역풍을 가득 담아라. 탐험하라. 꿈꾸라. 발견하라." 미국 소설가 마크 트웨인이 한 말이다. 인생에서 시간만큼 중요한 가치는 없다. 망설이고 고민할 시간에 행동하자. 그것이 오늘과는 다른 내일의 모습을 만들어줄 것이다.

"노력한다고 항상 성공할 수는 없지만 성공한 사람들은 모두 노력했단 걸 알아둬."

– 「곰돌이 푸우」 중에서

2

인생의 숙제는 절대
남이 풀어줄 수 없다

내가 가지고 있는 삶의 숙제

내가 다니는 회사는 마포구 마포대교 북단 바로 근처에 위치해 있다. 회사 휴게실에서 통유리로 바깥을 바라보면 마포대교와 함께 한강 풍경이 일품이다. 이렇게 멋진 풍경에서 잠시 커피 한잔 마실 때면 전망 좋은 카페에 와 있는 듯하다. 종로에서 마포로 회사가 이전했을 때 모두 휴게실에서 인증 샷을 찍을 정도였다. 이래서 한강이 보이는 아파트 가격이 비싸구나 싶었다. 실제로 마포로 이전했을 때 한창 공사 중이던 아파트 단지들의 가격이 당시 분양가보다 2배는 족히 오른 것 같다.

회사 바로 맞은편이 여의도이다 보니 몇 해 전 봄에 회사 직원들이 봄 야유회로 여의도 벚꽃 축제를 다녀왔다. 마포대교만 건너면 바로 여의도였기에 우리는 산책 삼아 걸어가기로 했다. 천천히 마포대교를 걷다 보니 자동차로 지나갈 때와는 또 다른 풍경에 심취되었다. '그러기를 얼마나 걸었을까?' 이상한 문구들이 눈에 띄었다.

'많이 힘들었구나. 바람 참 좋다. 오늘 하루 어땠어? 별일 없었어? 당신의 얘기 잘 들어줄 거예요. 밥은 먹었어? 말 안 해도 알아. 많이 힘들었구나. 고민 같은 거 아무것도 아니야. 제 손을 잡으세요.'

한참 한강 풍경에 젖어 있다가 어느 순간 내 시선은 다리 난간의 그 문구들을 따라가고 있었다. 괜히 젖어드는 감정에 벚꽃 축제를 가던 가벼운 걸음은 온데간데없고 마음이 무거워지는 느낌이었다. '아, 그렇지. 마포대교는 자살 대교로 유명한 다리였지'

내가 매일 바라보던 한강 위를 멋스럽게 가로지르는 마포대교이다. 누구는 그곳을 바라보며 한 잔의 커피로 바쁜 일상에 잠시 쉼표가 되는 반면, 누구는 자신의 삶을 비관한 끝에 스스로 목숨을 포기하는 마침표가 되는 곳이니 여러 감정이 교차했다.

본인들이 가지고 있는 삶의 숙제들이 얼마나 무거워서 죽음이란 엄청난 선택을 하는 것일까. 문구들을 따라 걸으면서 결국 견디기 버거운 삶의 숙제로 인해 차디찬 한강으로 뛰어들기 전 그들이 마지막으로 생각한 것들이 무엇이었을지, 무엇이 그들을 이곳으로 인도하였는지, 생각해봤다. 한국이 OECD 자살률 1위라는 기사가 새삼스러웠다.

어느덧 15년째 회사에 몸담고 있다. 비록 경력직으로 입사를 했지만 당시 사회 경력이라고 해봐야 1년 반이 전부였다. 결국 신입사원과 별반 다를 것이 없었던 나는 특히 새로운 분야에서 배울 것들이 많았다. 그뿐인가. 매번 부딪히는 직장 상사 또는 고객사의 요청 사항에 어떻게 해야 할지 몰라 갈팡질팡하다가 뒤늦게 상사에게 협조를 구하여 핀잔을 듣기도 했다.

입사 초창기에 한창 개발이 완료되어 고객사로 납품하는 제품이 있었다. 별 문제 없이 2년 이상 공급하던 제품이었는데 고객사에서 제품을 일정 부분 수정해달라는 요청을 받았다. 생산 작업자가 작업하기가 불편하다는 이유였다. 요청하는 수정 부위를 보니 별 문제 없어 보였다. 겁도 없이 고객사 담당자에게 알겠다고 약조하고 복귀했다. 문제는 거기서부터 시작되었다. 수정을 위해서는 설계팀 협조를 받아 도면을 수정해야 했다. 우리 협력사에서는 수정된 제품을 다시 개발하기 위해 일정 부분 투자가 필요했다. 우리 공장에서는 수정된 부품으로 생산하려면 생산라인 조정이 요구되었다. 그뿐인가. 고객사에서는 한 달 안에 적용해달라고 했는데 일련의 개발 절차와 더불어 기존에 만들어놓은 재고도 소진해야 했다. 각종 투자비에 원가는 원가대로 변동되는데 고객사와 너무 쉽게 약속을 해버린 것이었다. 그때부터 나는 문제를 해결하기 위해 회사 구매팀, 생산팀, 품질팀, 설계팀을 백방으로 뛰어다니는 동시에 고객사와의 재협의를 위해 고객사 구매팀, 설계팀, 품질팀을 쫓아다녔다. 그럼에도 이제 갓 입사한 신입사원이 할 수 있는 건 별로 없었다. 결국은 부장님이 나서서 업무 정리를 해주신 이후에야 풀릴 수 없을 것만 같았던 문제가 풀리기 시작했다. 나 혼자 끙끙 앓던 약 열흘간의 시간이 정말 악몽 같았다. 나 혼자서는 도저히 풀릴 수 없을 것만 같던 문제가 회사의 조직 안에서 해결될 수 있었다.

회사의 업무는 항상 문제(숙제)를 동반한다. 그것은 나 혼자 해결할 수 있는 가벼운 책임의 문제일 수도 있다. 하지만 문제의 사안이 커질수록 대리에서 과장으로 그리고 부장을 넘어 임원진까지 조직의 상급 레벨로 문제 해결의 주체가 올라간다. 회사는 내게 주어진 숙제가 제대로 풀어지지 않을 때 상부에 보고하고 그 문제는 상부에서 논의되어 해결안이 마련된다. 하지만 임원진도 풀 수 없는 문제라면 어떠한가. 결국 그것은 회사를 경영하는 사장에게까지 보고된다. 종업원은 회사의 주인이 아니기에 업무에서 발생되는 문제에 대해 필요에 따라서는 상급자에게 문제 해결안을 넘기는 경우가 종종 있다. 하지만 회사를 운영하는 사장은 어떠한가. 회사 내에서 보고되는 문제들은 오롯이 본인의 책임 아래 해결안이 마련되고 결정되어야 한다. 이것이 회사의 주인과 종업원의 가장 큰 차이 중 하나인 것이다.

우리는 스스로 풀어야 할 숙제가 꾸준히 있다

결혼 후 신혼 초에는 참 많이 다퉜다. 수개월을 그렇게 살다가 어느 순간 그냥 서로를 인정하고 지내기로 마음먹었다. 싸움으로 상대방을 고칠 수 없다면 그냥 받아들이고 사는 게 가정의 평화라고 생각했다. 그렇게 지내온 하루하루였다. 정확히 말하면 구태여 살아가면서 서로의 마찰을 줄이기 위해 가족의 화목으로 포장해온 듯하다. 신혼 초에는 너무나 힘들어 스스로 하소연한 글들이 빼곡했다. 나의 뜻과 맞지 않음에 입을 닫아두기도 하고 때로는 집을 나와서 한참 혼자 걷기도 했다. 부부간에 서로 맞지 않는 부분은 덮어둔 채로 각자의 공간을 보장하며 살아왔다. 해결하지 못하고 덮어둔 채로 살아온 세월이 결국은 곪아 터진 것이리라 생각한다.

나는 정리 정돈과 돈 관리만큼은 철두철미했다. 부끄럽게도 신혼 초 정말 힘들었던 것들 중 하나가 집안 정리였다. 20평이 채 안 되는 작은 집에 집기들이 어지럽혀 있고 먼지들이 쌓여 있는 선반은 지켜보기 어려웠다. 냉장고 안에서 방치된 음식물들을 쓰레기봉투에 담아 버리는 것도 버거울 정도였다. 먹다가 남은 아이 분유통이 냉장고 위에서 몇 개월씩 방치되기도 했다. 그럼에도 내가 손을 대는 것은 끔찍이 싫어했다. 어쩔 수 없이 나오는 나의 아쉬운 잔소리에 차라리 당신이 살림도 해, 라는 의미 없는 집사람의 대꾸에 할 말을 잃었다.

내가 도맡아 하던 돈 관리를 집사람에게 넘긴 것은 내 결혼 생활의 씻을 수 없는 실수였다. 가계부도 제대로 정리하지 않는 집사람이었다. 옷서랍과 가방 곳곳에 영수증이 수북이 쌓여 있는 것을 보면서도 왜 내가 돈 관리를 집사람에게 맡겼을까 후회가 된다. 입출금 통장 내역을 보여달라고 하면 나중에 보여주겠노라고 본인을 믿으라던 집사람이었다. 나는 그 모든 것을 부부라는 이유로 덮을 것이 아니라 일일이 확인하고 문제 있는 것을 풀어나가야 했다. 집안의 평화라는 이유로 집사람의 말에 그저 알겠다고 덮어버렸다.

2018년 작년 한 해가 나에게 준 숙제는 그 어떤 방정식보다 풀기 힘들었다. 나를 생각하고 함께 살아온 세월이 있는 집사람을 생각해야 했고 더욱이 내 목숨보다도 소중한 아이들을 생각해야 했다. 그것은 나 혼자만의 인생을 위해 결정 내릴 수 있는 숙제가 아니었다. 그렇게 나는 오랜 고민 끝에 이혼을 결심했다. 이혼은 절대 쉬운 결심은 아니었다. 내가 살아오면서 만들어온 '나답다'라는 나의 모습을 포기하는, 내 자아에 대한 자살이었다. 그럼에도 힘들게 결단을 내린 것은 마치 가지를 잘라냄으로써 과일이 더욱 풍성하게 제대로 열매 맺을 수 있을 거라고 확신했기 때문이다. 하지만 사람의 인연이란 단순히 나무의 가지치기가 아니기에 2018년의 숙제는 여전히 현재 진행형이다.

사람들은 살아가면서 '힘들다'는 말을 많이 한다. 오늘 내가 경매로 받은 아파트의 임차인 입주일과 잔금 상환 등으로 부동산 사장님과 통화하는 중에 부동산 사장님은 나에게 "쉬운 게 없네요. 사장님." 하시기에 "사장님, 그게 사람들끼리 살아가는 모습이죠."라며 웃었다. 사람들과 부대끼며 살아가기에 우리는 스스로 풀어야 할 숙제가 꾸준히 있는 것이다. 우리가 숨 쉬는 공기는 물리학에서 다른 표현으로 저항이라고 한다. 자동차나 항공기를 설계할 때 공기는 뚫고 나아가야 할 대상이다. 반대로 창공을 나는 새들을 보라. 새들은 날갯짓을 통해 공기의 저항을 이용하여 날아간다. 그들에게 공기는 뚫고 나가야 할 대상이 아닌 자유로운 비행에서 필수적인 존재다. 내가 살아가며 항상 존재하는 삶의 숙제는 새들에게 공기와 같은 존재이리라.

"인생은 정말 큰 놀이터인데, 어른이 되어가면서 점점 잊는 거 같아."

— 〈예스맨〉 중에서

3

뿌린 대로 거두고
버틴 만큼 받는다

'콩 심은 데 콩 나고 팥 심은 데 팥 난다'는 속담이 있다. 어릴 때부터 수없이 들어온 친숙한 속담 중 하나다. 내가 무언가 잘못을 저질러 부모님이 나를 앞에 앉히고 훈계를 하시며 때때로 저 속담을 인용하셨다. 뻔한 얘기에 가끔은 "알아요. 안다고요."라고 말씀드리고 싶었다. 하지만 차마 그 말씀만은 드리지 못했다. 착하고 순둥이로 유명한 나였다.

철이 들어가면서 스스로 물어본다. 정말 알고 있는가. 고등학교 시절 담임 선생님이 하신 말씀이 있다. 머릿속으로만 알고 행동하지 못하면 그것은 진실로 아는 것이 아니라는 것이다. 마찬가지로 그 속담을 아는 척만 하는 사람들이 많다.

무턱대고 개업한 집 근처 뷰티샵

내가 사는 집 근처는 상권이 그다지 발달하지 않았다. 몇 해 전 집 바로 옆으로 지하철역이 개통되긴 했으나 워낙 주거 생활권이다 보니 이렇다 할 상가들이 들어서질 않고 있다. 행여 들어와도 그리 오래 버티질 못하고 업종이 변경되는 경우를 출퇴근하면서 많이 봐왔다. 나는 안 될 업종을 가지고 개업을 하는 집들을 보면 안타까운 맘이 많이 들었다. 이 동네에서 20년 이상 살아왔으니 '저 업종은 될 것 같다.' 아니면 '곧 문 닫겠구나.' 하는 대략적인 가늠이 됐다. 장사가 안 될 가게가 들어올 때면 '저렇게 한순간 말아먹을 돈이 있으면 차라리 나를 주지.'라고 혼자 우스갯소리를 했다.

기억도 제대로 나지 않을 만큼 존재감 없던 상점이 들어왔다가 몇 달 전 폐업을 했다. 한동안 비어 있던 1층 상가가 얼마 전 퇴근하면서 보니 한창 공사 중이었다. 많아야 30대 초중반으로 보이는 여자 사장님이 본인의 매장을 뿌듯하게 바라보고 있었다. 상가를 계약하고, 실내 공사를 하고 업종에 맞는 장비를 들여오는 등 적게는 수천만 원에서 많게는 억 단위 이상의 돈이 들어간 본인만의 사업장일 것이다. 젊어 보이지만 그래도 본인이 그동안 배워온 기술을 이용하여 나름의 성공을 꿈꾸고 있을 것이다. 동네 점주들 중에는 비교적 젊은 축에 속하는 여자 사장님이었다. 실내가 온통 화이트 톤으로 공사 중인 터라 도대체 무슨 업종이 들어오나 더욱 궁금했다.

　며칠 지나지 않아 퇴근하는데 매장 출입문 위로 간판이 걸리고 불이 켜져 있었다. 매장 이름이 '티 안 나'였다. 여성들의 속눈썹과 네일아트를 하는 미용 업종이었다. 여성들의 미(美)를 가꿔주는 매장 이름이 '티 안 나'라니. 오히려 그 매장에서 시술을 받으면 티가 날 정도로 예뻐져야 하는 거 아닌가? '저 사장님은 장사를 하려고 개업을 하는 것인가, 그저 소꿉장난으로 개업을 하는 것인가.'

　개업에 대한 홍보는 전혀 없었다. 하얗게 밝히고 있는 '티 안 나'라는 간판이 유일한 그 매장의 홍보 수단이었다. 그뿐 아니다. 초저녁이면 문을 닫았고 주 5일제를 철저히 지켰다. 토요일, 일요일, 국경일에는 여지없이 문을 닫았다. 나는 그 매장 안에 사람이 있는 것을 한 번도 본 적이 없다. 불은 켜져 있으나 젊은 여자 사장조차 매장에 있는걸 보지 못했다. 멀리까지 가서 손톱을 관리받는 어머니와 누나는 새로 개업한 매장으로 옮길까 했다가 생각을 접었다.

　젊은 여자 사장이 본인의 매장을 오픈하며 기대한 것은 무엇일까. 내 짐작이지만 그 매장을 개업하는데 본인만의 재정 능력으로는 부족했을 것이다. 오픈 준비 중에 젊은 사장 옆에는 항상 노부부가 함께 서 계셨다. 나는 안타깝지만 그 매장이 머지않아 문을 닫을 것이라 장담한다. 그 여자 사장이 본인 사업장에 뿌린 것은 희망도, 열정도, 꿈도 아니었다. 남의 사장 밑에서 월급 받으며 아쉬운 소리를 듣기 싫었을 것이다. 그저 월급쟁이의 현실을 도피하고 싶어 더 큰 실수를 저지른 것이다. 미처 준비도 안 되고 저지른 결과 결국 사장은 뼈아픈 인생의 쓴맛을 경험할 것이다. 더욱 안타까운 것은 현재의 태도가 바뀌지 않는 이상 지금의 실수가 반복될 것이 불을 보듯 뻔하다. 그러므로 뿌리고 싶다면 제대로 된 씨앗을 뿌려야 한다.

제대로 된 씨앗을 뿌리자

둘째 누나는 누가 보더라도 성공한 CEO이다. 디자인 회사를 운영 중인 누나는 여러 명의 디자이너 스태프들과 관리 직원들을 두고 있으며 나날이 성장하고 있다. 대학에서 디자인을 전공했으나 디자인은 수입이 마땅치가 않다는 부모님의 권유로 대학을 졸업하고 은행에 취직했다. 누나가 희망한 디자인 분야와 은행 업무는 완전히 다른 분야였다.

금융권은 누나가 전혀 생각도 하지 않았고 접해보지도 않은 생소한 직종이었다. 그나마 비슷한 점을 찾는다면 학창시절 수학을 뛰어나게 잘해 숫자에 밝다는 정도였다. 본인이 전혀 접해보지 않았던 금융권에서 일반 고객들을 상대로 몇 년을 버텼다. 하지만 도저히 누나 적성에 맞지 않아 고민 끝에 퇴직했다. 학창시절 누나는 매우 조용한 성격이었다. 그런 누나가 말이 참 많다고 생각된 것은 은행을 다니기 시작하면서부터였다.

은행에서 정말 다양한 손님을 대해야 하는 것이 보통 스트레스가 아니었던 듯하다. 매일 퇴근하고 나면 진상 손님들에 대한 하소연이 한 시간을 넘게 이어졌다. 처음에는 식구들이 함께 격분도 하고 때로는 웃기도 하면서 공감하였다. 그런데 힘든 상황들이 지속적으로 반복되다 보니 듣는 사람들도 지쳐갔다. 듣는 사람들이 그 정도이니 매일 그런 상황을 겪는 누나는 어떠했을까.

결국 누나는 입버릇처럼 지긋지긋하다던 은행을 그만두었다. 높은 연봉에 우수한 직원 복지로 남들은 선망의 직종 중 하나인 은행에서 누나는 본인의 인생을 더 이상 허비하기 싫었던 것 같다. 마침내 누나는 본인이 그토록 하고 싶어 했던 디자인 회사에 입사했다. 비록 이전 직장에 비하면 규모나 직원 처우 면에서는 열악했지만 누나는 전보다 훨씬 열정이 넘쳤다.

회사를 다니면서 본인의 지식이 충분하지 않다고 느낀 누나는 퇴근 후 야간 대학원을 다녔다. 한때는 지식에 대한 열망이 지나쳐 다니던 회사를 그만두고 유학을 가겠다고는 누나를 부모님이 설득 끝에 국내 대학원으로 겨우 맘을 돌리게 했다. 본인의 인생관이 매우 뚜렷한 누나였다. 회사와 공부를 병행하며 누나는 본인의 꿈을 구체적으로 키우고 준비해 나갔다. 석사 학위를 취득하고 누나는 디자인 회사를 창업하길 희망했다. 그런 누나를 부모님은 좀 더 지금의 회사에서 경험을 쌓으라며 조언했다. 고집이 센 누나도 부모님의 말씀을 따랐다.

그렇게 하기를 얼마나 지났을까. 누나는 종업원의 위치를 청산하고 지금의 회사를 설립했다. 직장에서의 경험과 대학원에서의 지식을 겸비한 누나였다. 어느 회사나 마찬가지지만 처음 시작은 만만치 않았다. 현금 흐름이 여의치 않으니 어려워한 적도 있었다. 하지만 누나는 마주치는 고비들을 그동안의 경험과 지혜로 슬기롭게 헤쳐 나갔다. 안타까울 정도로 잠을 줄이면서 일했다. 철저하고 치밀하게 계획하고 대담하게 밀어붙였다. 맞지 않는 직원은 과감히 정리했다. 때로는 본인의 경영 철학과 맞지 않는 고객사도 거침없이 정리했다.

어느덧 누나가 회사를 창업한 지도 10년을 바라보고 있다. 다수의 직원들을 두고 이제는 꽤 안정되게 회사를 운영하고 있다. 그럼에도 누나는 초심을 잃지 않고 있다. 여전히 회사에 누구보다 일찍 출근하고 밤이 늦도록 일에 파묻혀 산다. 피곤하다고 식구들에게 하소연하지만 본인이 꿈꿔온 길이기에 그 누구보다 행복하다고 말한다. 지나온 과거가 후회스럽지 않고 자신의 과거로 돌아가 미래를 새롭게 설계할 이유가 없다고 한다. 많은 사람들이 '만일 내가 몇 년 전으로 돌아간다면 지금보다 훨씬 나은 선택을 해서 행복한 삶을 살 수 있을 텐데'라고 아쉬워한다. 가끔 누나에게 아쉬웠던 과거가 없는지 물어보면 누나는 이렇게 말한다.

"나는 매 순간의 결정과 행동에 후회가 없고 지금의 삶이 가장 행복해. 앞으로 꿈꿀 미래가 있는데 왜 지나간 과거를 아쉬워해야 해?"

나는 과연 어떻게 살아야 할지 고민할 때가 많다. 사람으로서 당연한 고민이다. 그 답을 찾기 위해 책도 보고 정보검색도 해왔다. 하지만 그 답은 멀지 않은 곳에 있었다. 바로 내 가까이 둘째 누나가 그 고민에 대한 답안지였다. 누나는 섣불리 행동하지 않는다. 구체적이고 치밀하게 계획한다. 그것이 밑바탕이 된 싱싱한 씨앗은 아무리 큰 돌덩이가 땅 밑에 묻혀 있어도 뿌리를 내리는데 전혀 문제 될 것이 없다. 씨앗이 자라 줄기가 되고 마침내 풍성하게 열매 맺는 동안 거친 비바람은 줄기를 더욱 단단하게 해준다. 제대로 된 씨앗을 뿌리자. 그것이 모진 환경을 버텨낸 결과는 분명 달콤하리라.

"뿌린 대로 거두는 것이다. 노력과 성실은 배반하지 않는다. 포기하고 싶은 그 순간, 바로 다시 시작하라. 인간에게 가장 큰 선물은 자기 자신에게 기회를 주는 것이다."

– 〈행복을 찾아서〉의 실존 인물 크리스 가드너

지금껏 살면서 얼마나 다양한 삶의 숙제를 풀어왔는가. 진학, 연애, 취업, 결혼, 인간관계, 금전 관계. 모든 사람은 본인이 기억해내지 못하지만 각자의 현명한 방법으로 그러한 문제들을 슬기롭게 풀어왔다. '내가 살아가는 방법'이다. 앞으로도 살아가며 숙제는 계속된다. 기억을 더듬어 기록해보자. 내가 맞닥뜨린 어려운 숙제는 무엇이고 어떻게 풀어나갔는가. 과거에 대한 기록은 미래에 대한 해법이 되어준다. 이는 하루의 일기가 내 삶의 지침이 되어주는 이유이다.

4

인생에도
구조조정이 필요하다

IMF 전과 후의 시대의 변화

'끝 모를 취업난…4년제 대학 취업률 5년 연속 하락', 'SKY도 공대도 못 버텼다…대학가에 닥친 취업 한파', '지난해 대졸 이상 취업률 66.2% 로 1.5%P 하락' 매년 취업난은 주요 뉴스 중 하나로 자리 잡고 있다. 대학 생활의 낭만은 더 이상 찾아보기 힘들다. 서로 경쟁 상대이다. 대학은 취업을 위한 수단이다. 중·고등학교 시절에는 대학 입학을 위해 스펙을 쌓는다. 대학 입학의 기쁨도 잠시, 대학생이 되고나면 취업 스펙을 쌓기 위해 혈안이 된다. 한시도 여유를 즐길 틈이 없다. 경쟁이 너무나 치열한 나머지 취업을 포기하는 취준생들이 늘고 있다. 심지어 앞으로는 4차 산업의 영향으로 점점 더 취직하기가 어려워진다고 한다. 기성세대를 보면 그렇게 치열하지 않아 보였던 취업난이 근래 들어 더욱 힘들어보인다. 내 아이들이 걱정되는 이유다.

선배 직원들과 대화를 나누다 보면 과거에는 취업하기가 참 쉬웠단다. 지금 내로라하는 대기업들도 골라서 들어가던 시절이 있었다고 한다. 지금은 퇴직하신 이사님은 지금의 회사를 들어온 이유가 다른 대기업들도 합격하였으나 단순히 근무지가 지방이라는 이유 때문이라고 하셨다. 그분 말씀으로는 취업이 어려워지기 시작한 시점이 1998년 IMF 때부터란다.

들어보니 일리가 있는 말씀이다. 대한민국에서 구조조정이란 말이 본격적으로 나오기 시작한 것이 1998년 IMF 때부터이다. 1988년 서울 올림픽을 기점으로 대한민국은 급 성장기를 맞았다. 경제 호황을 거치면서 TV에서는 과소비를 줄이자는 캠페인까지 있었던 시기이다. 얼마나 경기가 좋으면 돈을 아끼자는 캠페인까지 있었을까 싶다. 자금 흐름이 좋았던 당시 기업들은 매년 직원들을 대거 채용했다. 직원들이 필요해서 뽑는 것이 아니라 의례적으로 뽑은 것이다. 우선 직원들을 뽑아놓고 필요한 부서에 배치하는 식이었다. 하지만 갑작스런 국가 부도 사태는 기업들의 체질을 바꿔놓았다.

기업의 전략이 성장에서 생존으로 바뀐 것이다. 최적의 효율성을 강조했다. 불필요한 사업부는 정리하고 조직도 대대적으로 개편했다. 경영 개선을 위한 인원 감축은 비용과 운영 측면에서 가장 효과적인 방법 중 하나였다. 그렇게 회사의 체질을 바꾸고 뼈를 깎는 조직의 대대적인 개편이 이루어졌다. IMF를 겪고 나서 기업들은 다수의 인원이 필요 없어졌다. 그에 따라 최소 인원의 공개 채용, 더 나아가 공개 채용을 없애고 필요에 따른 인원만큼만 수시 채용하겠다는 기업들이 늘어나고 있다.

청년들의 취업난은 이전보다 훨씬 가혹해졌지만 기업들은 IMF 이전보다 분명 건실해졌다. 사회적 현상으로는 안타깝지만 기업의 생존을 위해 버릴 건 버리고 취할 것은 취한 구조조정의 결과 덕분이었다.

경영학에서 기업은 살아 있는 생물이라고 표현한다. 급변하는 주위 환경에 맞추어 변화되지 않으면 머지않아 도태되고 마는 것이 기업이다. 그러기에 때로는 구조조정이라는 뼈아픈 정책을 감행하면서라도 생존과 성장을 위해 치열하게 싸우고 있는 것이다. 손자병법에 따르면 군법의 핵심은 정면 공격과 기습 공격을 변화무쌍하게 구사하는 것에 있다고 했다. 이를 위해서는 전장의 변화에 자율적으로 대응할 수 있어야 하는데, 이것은 군의 편성과 지휘 체계를 명확히 하는 데 그 비법이 있다고 손자는 말하고 있다. 치열한 경쟁 사회에서 기업이 생존을 위해 변화하고 있는 생명체라면 우리도 기업의 변하는 모습들을 따라 해야 하지 않을까 생각한다.

우리 개개인의 삶에도 구조조정이 필요하다

우리는 살아가면서 내가 살아온 방식을 그대로 유지하려고 한다. 변화를 싫어하여 주위의 조언은 잔소리나 시비로 치부하기 일쑤다. 행여 내가 회사를 그만두고 창업을 하더라도 내가 살아온 직장인으로서 나의 모습을 바꾸지 못해 창업한 지 얼마 지나지 않아 폐업하는 경우가 부지기수다. 대기업에서 '갑'으로 오랫동안 근무하다가 퇴직 후 자영업을 시작하는 사람들이 망하는 첫 번째 이유다. 새로 창업을 하는 사람들에게 어느 저자는 뼛속까지 체질을 바꾸라고 조언한다. 개인 생활도 마찬가지이다.

나는 개인의 구조조정은 크게 2가지로 나뉠 수 있다고 생각한다.

첫 번째는 생활 습관의 구조조정이다.

나는 아이들에게 때로 지나치게 엄격했었다. 나의 기준에 맞지 않는 행동을 하는 아이들을 볼 때면 화가 나서 간혹 소리를 지를 때도 있었다. 어느덧 소리 지르는 것이 습관화되어 그 횟수가 늘어나고 있어도 줄이지 못했다. 생각해보면 언제 그랬는지도 모르는 사소한 것들에 그 화는 시작되었다. 첫째 아이는 행동이 다소 느리다. 본인이 생각하는 것들을 모두 해야지만 다른 것들로 행동이 옮겨가기에 어른들이 보기에는 행동이 느리다고 생각할 수밖에 없다. 특히 밥 먹는 것이 그렇다. 집에서는 식사 시간이 늦더라도 그런가 보다 넘기는데 바깥에서 외식을 할 때면 답답할 때가 많았다.

　몇 년 전 여행을 갔을 때였다. 다음 일정이 있기에 정해진 시간 내에 식사를 완료해야만 했다. 근데 여느 때처럼 느긋하게 식사하고 있는 첫째 아이가 너무나 답답했다. 결국 참지 못하고 아이에게 크게 화를 냈다. 그것도 모자라서 이동하는 차 안에서 아이에게 소리를 치고 말았다. 나의 다그침에 서둘러서 식사를 했던 아이가 결국 차 안에서 내가 한 번 더 소리를 치는 바람에 차에서 내려 먹은 것들을 토했다. 내가 나 스스로 바뀌기로 한 큰 사건이었다. 의례적으로 가장은 엄격해야 한다고 생각해왔다. 나의 아버지가 그랬기에 그렇게 배우며 컸다. 그런데 아버지의 모습보다 나는 더 엄격하고 소리까지 지르는 모습을 아이에게 보였다. 내 자신이 너무나 부끄러웠다. 아이에게 사과하고 화내는 대신 대화로 전환했다.

　지금은 아이와 둘도 없는 친구 사이다. 나의 감정을 절대 앞세우지 않는다. 아이의 입장에서 생각하려고 한다. 필요할 때면 아이들을 방으로 불러서 아이들의 행동에 대해 일방적인 한 방향이 아닌 서로 쌍방향에서 대화하며 풀어나가고 있다.

　내 말의 표현도 마찬가지다. 나는 말이 다소 빠른 편이다. 성격이 급하다 보니 말도 성격만큼이나 빠른 편인데 문제는 발음이 말의 속도를 따라가질 못한다. 특히 흥분하면 더욱 그렇다. 얼마 전부터 나는 이 습관을 고치려고 노력하고 있다. 얼마 전 여러 사람 앞에서 나의 의견을 발표할 일이 있었는데 나 스스로 발표하고 있는 나의 모습에 놀랐다. 나의 의견을 그렇게 천천히 또박또박 말한 적이 극히 드물었다. 발표의 내용도 중요하지만 나 스스로 변화되고 있다는 것에 스스로 뿌듯한 시간이었다.

두 번째는 주변 사람들에 대한 구조조정이다.
어느 강연에서 강사가 이렇게 말했다.

"여러분, 내 뜻과 다른 주변 지인들을 대하는 3가지 유형이 있습니다. 내 뜻과 다르더라도 그냥 그 무리에서 함께 어울려 지내는 사람. 내 뜻을 설득시키려고 열심히 노력하는 사람. 그 무리를 포기하고 내 뜻과 맞는 무리를 찾아 떠나는 사람. 어느 쪽이 가장 현명한 사람일까요?"

나의 꿈을 좇는 사람을 '드림워커'라고 부른다. 반대로 그 꿈을 험담하고 깎아내리는 사람들을 '드림킬러'라고 한다. 꿈을 응원해주지는 못할망정 그 꿈을 비난하는 사람들이 주위에 있다면 그 사람들은 과감히 내 지인 목록에서 지워버리는 것이 현명한 방법이 아닐까.

과거를 애절하게 돌아보지 마라.
과거는 결코 다시 오지 않는다.

현재를 개선시켜라, 그것이 현명함이다.

현재는 온전히 너의 것이니, 다가올 미래를 나아가 맞이하라.

조금의 두려움도 없이.

미국의 유명한 시인 헨리 워즈워스 롱펠로우 시의 몇 구절이다. 우리는 모두 행복하게 살기를 원한다. 모두 원하는 행복은 어디서도 살 수 없다. 스스로 찾고 만들어야 하는 '셀프'인 셈이다. 내가 움직이고 변화해야만 비로소 찾을 수 있는 것이 행복이다. 인생의 구조조정을 통해 지금의 삶을 180도 역전시킬 수 있다. '내일'로 미루는 게으름을 떼어내고 지금 당장 시작하자.

5

길이 끝나는 곳에
또 다른 길이 있다

끝난 것만 같은 겨울의 삭막함 뒤에는 다시 봄이다

대한민국에는 사계가 있다. 뚜렷한 봄, 여름, 가을, 겨울이 있어서 각 계절의 아름다움을 만끽할 수 있다. 자연의 위대함 중에 하나는 반복이다. 만물이 태어나는 봄과 뜨거운 여름을 거쳐 풍요로운 가을이 지나면 삭막할 만큼 추운 겨울이 온다. 내가 사는 동네는 삼각산을 뒤로하고 있어서 산과 매우 친숙한 환경에서 자라왔다. 매일을 색다른 모습으로 변신하는 삼각산의 모습 중 가장 아름다운 산의 모습이 가을이다. 가을 산은 봄, 여름 동안에 쌓아두었던 모든 에너지를 발산한다. 그만큼 산의 색상은 다채롭다. 늦가을 자신의 에너지를 모두 쏟아내고 나면 다시 산은 무채색이 된다. 모든 것을 땅의 기운으로 떨궈낸 산은 본연의 모습이다.

나는 겨울 등산을 즐긴다. 무엇 하나 꾸미지 않은 모습 그 자체가 아름답다. 가만히 겨울 산을 걷노라면 차가운 바람소리와 눈 밟는 소리 그리고 나의 숨소리뿐이다. 겨울 산은 등산객도 적어 홀로 걸으며 명상하기에 최적이다. 간혹 인적이 드문 겨울 산은 고요하면서도 지나치게 적막하고 생명이 없는 듯할 때도 있다. 가끔 지저귀는 새소리가 본인도 있다며 존재를 알리기도 한다.

언제인가 겨울 산을 등반하다가 내가 좋아하는 서울이 한눈에 내려다보이는 바위 쉼터에 홀로 앉아 싸온 김밥을 먹고 있는데 굶주린 듯한 새한 마리가 겁 없이 내가 들고 있는 김밥 위로 올라와 밥 알갱이를 쪼아먹는 신비로운 경험을 한 적도 있었다.

겨울 산을 등산하거나 집에서 바라보고 있자면 저 산이 언제 그렇게도 푸르렀나 싶을 때가 있다. 모든 잎사귀를 내려놓은 헐벗은 모습을 보며 과연 저 산이 다시 다채로운 색상을 표현할 수 있을까 싶은 생각이 든다. 자세히 들여다보면 나무 하나하나가 마치 고목과 같은데 이제 다시는 꽃을 피울 것 같지 않을 것만 같다.

봄이란 단어의 어원은 의견이 분분하다. 불의 옛말 '불'(火)과 '오다'의 명사형 '옴'(來)이 합쳐져 '불의 온기가 다가온다'라는 뜻이라는 설이 있다. '보다'(見)라는 말의 명사형 '봄'에서 온 것이라고 보기도 한다. 나는 후자의 의견에 더 공감이 간다. 우수를 지나 봄이 오면서 얼어 있던 샘물에 다시 물이 흐르고 풀과 나무가 푸른 잎을 드러내며, 꽃이 피어오르고 동면해 있던 동물들이 활기차게 움직이기 시작하는 것을 새롭게 본다는 뜻이 더 어울린다고 생각한다. 봄을 뜻하는 영어 단어 'Spring'도 겨우내 움츠려 있던 만물이 용수철처럼 튕겨 올라온다는 뜻에서 '스프링'이라고 일컫지 않았을까.

자연의 신비스러움은 '반복'에서 온다고 생각한다. 마치 이제 끝일 것만 같은 겨울이 지나고 나면 마법처럼 대지를 덮고 있던 눈과 얼음이 녹아내리고 다시금 생명이 잉태하는 봄이다. 작은 옹달샘에서 시작된 물줄기는 계곡과 강을 지나 바다로 흘러 들어간다. 그럼에도 옹달샘이 마르지 않는 것은 바닷물이 비가 되어 대지를 적셔주기 때문이리라. 강에서 태어나 바다로 나간 연어가 다시 강으로 힘겹게 거슬러 올라 산란하는 생명의 반복은 마치 불교의 윤회 사상을 연상케 한다.

자연의 하나인 인간의 삶도 '반복' 속에서 끊임없이 치유된다

"부장님, 2019년 다이어리는 준비가 안 되었나요?"

고객사 제공용 탁상 달력과 수첩은 모두 도착했는데 정작 직원용 다이어리가 도착하질 않았다. 마케팅팀에 전화해보니 이번엔 영업팀에서 요

청하지 않아서 부족하게 제작되었다는 것이었다. 어쩔 수 없이 대형 문구점에 들러 2018년에 쓰던 다이어리에 속지만 따로 구매해서 사용했다. 개인적으로 지워버리고 싶던 2018년이었다. 새로 다이어리를 살까도 생각했지만 맘에 드는 다이어리 가격이 만만치가 않아 그냥 쓰기로 했다. 기존에 사용한 속지는 별도 보관하고 새로 산 1년 치 속지를 대신 끼워 넣었다. 다이어리 표지에 2018이라고 각인되어 있었지만 눈에 띄지는 않았다.

다이어리를 하루하루 쓰다 보니 시간이 참 빠르게 지나갔다. 하루가 아니고 한 달씩 한 번에 지나가는 느낌이었다. 어느덧 12월이다. 1년이 무섭게 지나가고 얼마 전 마케팅팀에서 택배 상자를 하나 보내왔다. 열어 보니 2020년 다이어리였다. '이번엔 챙겨 주셨구나.' 감사한 마음에 사용하던 다이어리에서 12월 속지만 빼내어 2020년 다이어리로 옮기는데 뭔가 눈에 들어왔다. 2018년 5월의 끔찍한 기록들이었다.

그해의 5월은 집사람이 10년을 넘게 저질러온 거짓과 온갖 부채의 사실을 처음 알게 된 시기였다. 그로 인해 결국 변호사 소송 끝에 이혼까지 이르게 된 고통의 시간이었다. 나는 당시의 기록들을 일기처럼 기록했다. 아직은 어리지만 지금의 아이들이 언젠가 아빠를 이해할 수 있는 나이가 될 때면 그것들을 보여주며 다시 한 번 아빠로서 아이들에게 무릎 꿇고 용서를 구하리라 생각하고 있다. 그래서 그것들은 내 휴대폰과 더불어 출력물과 수첩으로 정리되어 어느 깊숙한 곳에 보관되어 있다. 모든 것을 별도로 보관하고 있다고 생각했는데 당시에 이것저것 제정신이 아닌 상태에서 알아보며 기록했던 내용들 이곳 다이어리에 기록되어 있었다.

'사건 후 일련의 행동들, 뻔뻔함의 극치, 자금 사용 내역 비공개, 내 명의의 현금 서비스, 카드론, 약관 대출 금액, 사채·대부업, 주택 저당, 본가 송금 내역, 가족 여행 계약금 타처 유용내역, 스쿨 뱅킹/유치원비 미납 내역, 관리비 공급 타처 유용 내역, 미술 학원 월세 미납 내역, 변호사 상담 내역….'

나는 내가 사랑하는 아내와 살아온 것인지 사기꾼과 살아온 것인지 미치도록 힘들었던 시기였다. 이것으로 내 인생도 끝났구나 생각했다. 너무 힘든 시기에 이른 새벽 자전거를 타고 달려 홀로 한강 뚝섬유원지에서 흐르는 강물을 한참 동안 바라봤다. 도대체 그 사람의 속을 알 수 없는 답답함에 '거울'이라는 자작시를 기록하다가 하염없이 눈물을 흘리던 기억이 있다. 이른 시간이라 주위에 아무도 없었으나 행여 누가 볼까 봐 자전거용 선글라스를 눌러 썼다.

거울
내가 보는 것과/ 네가 보는 내가/ 서로 다름이니/ 내와 네가 향하는/ 그곳 다름이/ 그렇듯 당연한 것을/ 마주하니 낯설고/ 나란하니 새롭네/ 그곳,/ 향기라도 조금은 보여주오.

끝이라고 생각했다. 2004년도에 아버지가 돌아가시고 막막했던 그때와는 다른 절망이었다. 희망이 없어 보였다. 나의 가치관이 무너지면서 내 자아도 함께 상실됐다. 더 이상 이 세상에 나란 존재는 없다고 생각됐다. 주변에서 아무리 희망적인 조언을 해주어도 내 것 같지가 않았다. 얼마 전 다이어리를 새것으로 교체하며 발견한 그날의 기록은 더 이상 절망의 모습이 아니었다. 자연이 반복하며 그 신비로움을 보여주듯이 삶도 마찬가지였다. 끝일 것만 같은 나의 삶에도 내가 관점을 달리하면서 새로운 희망의 봄이 다가오고 있었다. 분명 나에게 2018년은 절망의 시기였다. 그러나 지금 내가 이 책을 쓰고 있는 2019년은 희망의 해이다. 그리고 다가올 2020년부터는 꿈을 이뤄가는 내 삶의 새로운 역사의 시작이리라.

얼마 전 크리스마스를 맞이하여 아이들이 손 편지를 주었다. 내 꿈이 커가는 만큼 아이들의 생각도 커가고 있음을 깨닫고 있다. 9살 된 둘째 아이의 손 편지를 기록한다.

'저는 아빠가 없다면 여기까지 성장할 수 없었을 거예요. 그리고 아주 아주 작은 선물이 있어요. 뭐냐면 작지만 소중한 제 마음이에요. 지금 이 순간 눈을 감고 생각해봐요. 저의 마음이 얼마나 클지. 사랑해요. 저는 그리고 아빠가 회사에서 돈을 벌어 차든 집이든 살려고 노력하는 모습이 좋아요. 아빠는 우리에게 많은 것을 주시고 많은 것을 나누어주셨어요. 고마워요. 아빠, 감사합니다. (중략) 아빠는 저에게 첫 번째로 소중한 사람입니다.'

◁ 내 인생의 주인이 된다는 것 ▷

대학 시절 MT를 가면 행사 마지막에 꼭 '롤링 페이퍼'라는 것을 했다. 빈 용지 상단에 내 이름을 적은 후에 모임 참석자들에게 전달하면 각자 나에 대해 한마디씩 조언해주는 형식이었다. 내가 가지고 있는 장단점을 스스로 적어보자. 그리고 주변 식구들이나 지인들에게도 부탁하여 나의 장단점에 대해 기록해달라고 부탁하여 내가 기록한 것과 서로 비교해보자. 분명 나도 모르던 장점과 단점들을 발견하게 될 것이다. 그것은 나를 다시 돌아보게 하고 발전할 수 있게 하는 계기가 될 것이다.

6

성공하는 공식은
없어도 법칙은 있다

어떻게 해야 성공하는 것일까

"야, 그래도 우리는 성공한 거 아니냐?"

　오랜만에 친한 친구와 단둘이 마주 앉아 술잔을 나누던 중이었다. 한 번씩 만나 술 한잔할 때면 우리가 만난 지 벌써 오랜 세월이 흘렀다며 적당히 취기가 올라오면 서로 어깨동무를 나누고 걸음을 함께하던 친구였다. 그 친구와는 함께한 시간만큼 추억도 참 많다. 어느덧 26년을 함께했으니 감정선이 느껴지지 않는 문자 메시지로도 그 친구의 감정을 느낄 수 있을 정도가 되었다. 너무 자주 만날 때면 우스갯소리로 둘이 연인이 냐는 소리도 들었던 나에겐 둘도 없는 친구다. 그 친구가 입대하여 100일 만에 휴가를 나왔다가 부대에 복귀하기 전날 밤 만나 서로 부둥켜안고 엉엉 울기도 했다.

난데없이 무슨 소리냐며 묻는 나에게 친구가 말했다.

"생각해봐. 결혼하고 건강하게 자라는 애들도 있지. 살고 있는 집도 있고 괜찮은 직장에 자가용도 있으니 이 정도면 우리 나이 또래에 성공한 거 아니냐."

어찌 보면 소박했다. '그래, 대한민국에 가장 표준의 우리 모습이지만 남들과 비교한다면 그보다 못한 사람들도 있으니 이 정도면 적당히 행복하고 성공한 거다.'라고 맞받아쳤다. 그 친구에게 지금 당장 연락해서 행복하냐고 물어본다면 때로 삶이 고단하고 회사 일이 힘들다고 토로할지언정 분명 행복하다고 할 친구다. 그러기에 본인은 성공한 삶을 살고 있다고 말할 친구다.

우리는 '당신의 성공을 기원합니다. 파이팅! 반드시 성공하세요!'라는 말을 자주 쓴다. 특히 지금처럼 연말과 연초에 지인들의 인사말에 건강과 함께 꼭 들어가는 덕담 중 하나가 바로 '성공'이다. 그럼에도 정작 '성공'이 무엇인지 그리고 어떻게 해야 성공하는 것인지에 대한 본질적인 질문에는 답변이 흐릿하다. 성공 법칙이란 무엇일까.

회사 일을 마치고 집에 돌아오면 아이들이 달려와 나에게 안기며 인사를 한다. 나와 아이들의 인사 방법이다. 스킨십을 많이 해야겠다는 나의 생각 때문이다. 잘 따라주는 아이들이 고맙다. 아이들이 인사하고 돌아가는 자리는 거실 소파다. 무얼 하고 있었나 보면 휴대폰으로 유튜브를 보고 있다. 아이들 사이에서 유행하는 인기 유튜브 크리에이터들의 콘텐츠를 보면서 자기들끼리 뭐가 웃긴지 희희덕거린다.

발명가와 수의사를 꿈꾸던 아이들 꿈의 목록에 언젠가부터 유튜브 크리에이터의 꿈이 함께 자리 잡은 것은 그들이 즐기는 것을 콘텐츠로 찍으면서 엄청난 돈을 벌고 있다는 사실을 알고 난 다음부터였다.

나의 내년도 목표 중 하나가 콘텐츠 공유자로, 유튜브를 꾸준히 해야겠다는 생각으로 얼마 전 강의를 듣고 어설프게나마 영상을 올리기 시작했으나 쉽지 않다. 우리가 쉽게 접하는 수십만, 수백만 유투버들은 어떻게 저런 성공의 경지까지 올랐나 존경스럽다. 얼마 전 유명 유튜버들의 성공담을 엮은 책을 구입하여 읽은 적이 있다. 그들의 시작도 쉽지만은 않았다. 지금은 천만 구독자를 보유하고 있는 유튜버 가수도 처음 몇 년간은 구독자가 지금 같지 않았다. 아이들이 과정은 잘 알지 못한 채 이미 성공한 그들의 현재를 쫓고 있었다. 아이들뿐 아니라 우리 역시 경제적, 사회적으로 일정 수준에 도달한 사람들을 보며 마냥 부러워하며 당장 내일이라도 그들처럼 되기를 희망한다.

『성공의 법칙』으로 잘 알려진 나폴레온 힐의 성공 일화는 유명하다. 미국 버지니아 주 산골 마을에서 지독히 가난한 대장장이의 아들로 태어난 그가 성공한 계기는 '철강왕' 앤드루 카네기를 인터뷰할 수 있는 행운을 갖게 된 이후부터다. 유년 시절부터 법대 진학을 위한 돈을 마련하기 위해 언론사 기자로 일하는 중에 '앤드루 카네기'와의 인터뷰 기회를 잡았고 사흘간의 인터뷰를 통해 카네기는 나폴레온에게 20년간 전 세계에 성공한 사람들을 인터뷰하고 그들의 성공 비결을 집대성하기를 제안했다. 카네기는 '많은 사람과 그 방면의 대가와 앞으로 오랜 세월 서로 협력하게 될 것이다. 그런데도 당신이 성공하지 못할 이유가 있겠는가?' 한 푼의 대가도 지불하지 않는 조건을 제안했다.

이후 나폴레온은 '자동차 왕' 헨리 포드, '전화 왕' 그레이엄 벨, '발명왕' 토머스 에디슨 등 500명이 넘는 성공자들의 인터뷰를 통해 엄청난 성공을 거둘 수 있었다. 그가 말하는 15가지 성공 법칙은 명확한 중점 목표, 자기 확신, 저축하는 습관, 솔선수범과 리더십, 상상력, 열정, 자제력, 보수보다 많은 일을 하는 습관, 유쾌한 성품, 정확한 사고, 집중력, 협력, 실패로부터의 교훈, 인내, 황금률의 이행이다.

결과의 시점이 아닌 전 세계에서 내로라하는 유명 성공가들의 성공 과정들을 꾸준히 인터뷰하면서 그들의 공통점을 뽑아낸 것이다. 그뿐 아니라 나폴레온도 성공자들의 과정을 따라 하면서 마침내 본인도 세계적인 성공자로 탄생할 수 있었다.

의지를 가지고 꾸준히 실천하는 힘

올해 여름 부동산 투자를 목적으로 경매 공부를 시작했다. '한국경매투자협회(이하 한경협)'를 우연한 계기로 알게 되고 한 달이 조금 넘는 기간 동안 경매 공부에 집중했다. 한경협의 실전형 강의 덕분에 과정 수료 후 얼마 지나지 않아 목표한 차액으로 아파트 한 채를 낙찰받을 수 있었다. 수업 과정은 단순히 경매의 실전 기술만 있는 것이 아니라 살아가는 데 필요한 태도와 마음가짐을 갖출 수 있게 해 주는 추천 도서 읽기도 함께 과제로 나갔다. 나는 매주 주어진 추천 도서를 통해 의식의 성장에 대해 깨닫게 되었다.

염원하던 낙찰에 성공하고 한경협 대표님과 통화 중에 현재 수강생들에게 동기부여를 해줄 수 있겠냐는 요청을 받았다. 한참 부족한 내가 과연 어떤 얘기를 해줄 수 있을까 걱정이 앞섰다. 대표님은 내가 낙찰받은 과정을 편하게 이야기해주면 된다고 했다. 준비 없이 섣불리 메시지를 전달해주는 것은 그들의 시간 가치를 무시하는 거라 생각한 나머지 파워포인트로 몇 가지 키워드를 뽑아서 프레젠테이션을 준비해갔다. 자료를 준비하면서 나 스스로도 깨닫고 배울 수 있는 좋은 계기가 되었다.

내가 준비해간 자료에서 나 스스로 반복해서 되뇌는 3가지 단어가 있다. 바로 내가 정의한 목표 달성을 위한 3력(力)이다. 내가 무언가 시작하겠다는 '의지력'이 첫 번째이다. 평범한 일상에 변화의 시도 자체를 생각지 못한다면 그것은 '무지(無知)'라고 생각한다. 꿈조차 없는 사람들인 것이다. 두 번째는 '열정의 지속력'이다. 누구나 시작은 창대하다. 새해만 되면 집근처 헬스클럽에 사람들이 북적이는 이유이다. 하지만 불과 몇 주만 지나도 한산해진다. 인내와 열정의 부족에서 오는 현상이다. 지속성을 유지하기 위해 내 주변 도처에 목표를 시각화하고 반복하는 게 필요하다. 마지막 세 번째는 '실행력'이다. 옛말에 '구슬이 서 말이라도 꿰어야 보배.'라는 말이 있다. 계획만 무성하고 정작 실천하지 않는다면 빚 좋은 개살구 꼴이다. 나는 이 3가지 단어를 나 나름의 성공의 법칙으로 삼고 있다.

"됐어. 성공했어!" 회사에서 몇 개월간 풀리지 않는 숙제였다. 어떻게 풀어야 하나 며칠을 고민도 했다가 알아서 되겠지 체념하기도 했던 시간이었다. 상황이 의도하지 않은 방향으로 흘러가 잔뜩 긴장하며 다급하게 일을 풀어나가기도 했다. 그리고 마침내 원하는 결과물을 도출해냈다. 주말을 맞이하는 금요일 늦은 밤의 일이었다. 오랜 기간 다른 일을 처리하면서도 찜찜했던 중요한 숙제를 풀고 맞이하는 토요일의 아침이 그렇게 평안할 수 없었다. 성공이란 마치 아르키메데스가 어느 순간 '유레카'를 외치듯 내가 꾸준히 고민하고 실천하면서 설정한 목표를 이뤄가는 것이 성공이라고 생각한다. 목표가 하나가 아니기에 우리의 인생은 하나의 성공에 만족하지 않고 꾸준히 숙제를 풀어나가는 과정이 아닐까.

"어쩌면 일도 관계도 사랑도 마찬가지다. 마침내 성취하기 위해서는 타고난 그 무엇과 운 좋음을 기다릴 것이 아니라 끝까지 노력하고 애쓰고 고통스러워해야 한다."

- 〈응답하라 1994〉 중에서

7

결국 나를 크게
성장시키는 건 실패이다

기회는 실패 뒤에 찾아온다

'실패를 회피하고 비난하는 문화에서 탈피해 실패를 인정하고, 실패로
부터의 교훈을 성장 동력으로 삼는 문화를 만들어야 한다.' 2019년을 맞
이하며 현대자동차 정의선 수석 부회장이 한 말이다. 치열한 경쟁 사회
에서 기업의 실패에 대한 대가는 가혹하다. 그것은 자칫 기업의 도산으
로 직결될 수 있는 만큼 회사에서는 실패에 대해 매우 엄격한 잣대를 세
웠다. 이런 이유 때문에 실패는 곧 무거운 책임이라는 결과가 뒤따라왔
다. 경쟁 입찰에서 떨어졌다든지 또는 개발 중에 문제가 발생해서 일정

에 차질이 발생했을 때 누군가는 책임을 져야 했다. 혹 문제가 발생하게 되면 개선점을 찾기보다는 문제를 감추기에 급급했던 것도 사실이다. 현대자동차가 중국 진출 이후 최근 몇 년 사이 힘든 시기를 겪고 있는 가운데 정의선 수석 부회장의 이야기는 시사하는 바가 매우 크다.

회사 매출에 상당한 부분을 책임질 신규 입찰 건으로 회사 구성원 모두가 하나가 되어 입찰 수주를 위해 집중했다. 당시 입찰 건은 한국 공장에서는 생산되지 않는 품목이라 한국에서는 내가 속해 있는 영업 팀 그리고 해외 해당 공장에서는 생산 및 설계 팀을 포함해 유관 부서에서 매우 긴밀하게 움직였다. 고객사의 요구 조건에 맞는 최적의 설계를 하고 생산 공장의 생산 효율성을 확인했다. 그에 따르는 경쟁력 있는 원가도 산출했다. 최종적으로 사양 제안에 대한 자료까지 준비하여 입찰에 참여했다. 그런데 결과는 부정적이었다. 경쟁사는 국내 공장의 투자를 통해 국산화와 더불어 원가 경쟁력까지 갖추어 입찰에 참여했던 것이다.

모두 집중하여 진행해온 입찰에서 떨어졌을 때의 패배감과 좌절감은 이루 다 말할 수 없다. 더욱이 향후 회사의 매출 기여도에 큰 영향을 미치는 프로젝트일수록 더욱 그렇다. '영업 담당자로서 책임을 져야 하나?'라는 고민도 많다. '스스로 사표를 내고 회사를 그만둬야 하나?'라는 생각도 많았다.

국가에서 큰 사고가 발생하고 나면 '백서'라는 것을 발간한다. 현상을 분석하고 미래를 전망하는 일종의 '재발 방지 보고서'이다. 언제까지 입찰 미수주라는 충격 속에 빠져 있을 수는 없었다. 정신을 차리고 원인을 분석해 나갔다. 고객사의 요구 조건 그리고 경쟁사와의 비교를 통해 현재 우리 회사의 현실에 대해 철저히 분석했다. 더불어서 사업 다각화를 통해 향후 회사의 성장 방안에 대한 목표도 세웠다. 프로젝트를 분명 수주할 것이란 자신감이 컸다. 그래서 우리는 이번 프로젝트 외에는 다른 생각을 할 이유도 없었고 그럴 여유도 없었다.

하지만 프로젝트를 실패하고 나니 다양한 아이디어가 나왔다. 미래 전략과 더불어 경쟁력 강화에 대한 참신한 의견들이었다. 실패를 통해 누군가를 탓하거나 책임을 묻는 대신 미래지향적인 반성을 통해 우리는 더욱 단단해졌다.

준비한 자에게는 기회가 왔다. 완전히 끝난 줄만 알았던 해당 프로젝트에 일말의 기회가 생긴 것이다. 우리는 미리 준비해 두었던 샘플을 고객사에 제출했고 평가 결과 고객사가 요구하는 성능과 품질 조건을 모두 만족했다. 그렇게 우리는 고객사의 개발 프로젝트에 다시 참여할 수 있었다. 하지만 기회가 늘 긍정적이지는 않았다.

퇴근 무렵쯤 전화 한 통이 걸려왔다. 양산을 얼마 남기지 않은 개발 프로젝트의 고객사 개발 담당자였다. 무슨 일인가 싶어 전화를 받았다.

"제품에 문제가 발견됐어요. 이 상태로는 귀사 제품 적용이 불가능합니다."

눈앞이 캄캄했다. 회사 내에서 모든 부서가 철저히 준비하여 제공한 샘플이었다. 더군다나 초기에 공급한 제품의 평가 결과는 문제가 없지 않았던가. 다음 날 고객사를 방문하여 문제를 파악했다. 고객사와 함께 밤늦도록 회의가 이어졌다. 대략적인 문제점이 확인되었다. 나는 당장 해외 현지 공장 책임자의 방한을 요청했다. 그리고 정확한 문제점 및 개선안을 찾아가기 시작했다. 고객사로부터 문제 관련 통보를 받은 날로부터 해외 공장 책임자의 방한과 문제 해결까지 일주일이 채 걸리지 않았다. 지금 생각해봐도 정말 대단한 문제 관리 능력이었다. 프로젝트에서 실패하고 그냥 포기했다면 이룰 수 없는 성과였다. 포기 대신에 반성과 함께 철저한 준비를 통해 결국 우리는 성공리에 다시 프로젝트에 참여할 수 있었고 예상치 못했던 문제점도 빠른 시간 안에 해결할 수 있었다. 그뿐만이 아니었다. 경쟁력 확보를 위해 여러 차례 경영진 측에 보고한 끝에 국내 공장에 생산 설비를 투자하여 지금은 한국에서 제품을 생산, 공급 중에 있다. 당시에 계획된 물량보다 몇 배 증가한 것도 그 덕분이다.

당시 프로젝트 실패 후 그저 좌절만 하고 포기했다면 그 결과는 어떠했을까. 지금 회사의 성장은 좌절이 아닌 반성과 다시 해보자는 철저한 준비를 통한 결과이다.

첫째 아들과는 많은 것을 함께한다. 아빠와 아들이라는 남자들 간의 공감대 때문에 취미도 함께한다. 나는 어려서부터 많은 운동을 배우고 즐겨온 덕분에 아들에게도 내가 해온 운동들을 가르쳐주고 함께 즐기려고 한다. 즐겁게 따라오는 아들이 고맙기도 하다. 내가 가르치고 있는 운동 중 하나가 스키이다. 겨울 스포츠인 만큼 즐길 수 있는 시간이 한정적이라 아들과는 겨울을 손꼽아 기다린다.

스키를 처음 가르치기 시작한 것은 초등학교 1학년 시절인 8살 때였다. 지금 아이가 12살이니까 어느덧 4년 전이다. 내가 정말로 좋아하는 스키를 함께 탈 수 있다는 기쁨 때문에 아이를 데리고 스키장에 갔는데 가르친다는 것이 내 마음 같지 않았다. 경사진 슬로프에서 넘어지면 일어나질 못하는 모습에 나는 괜히 아이를 다그치며 화를 냈다. 아이도 아빠의 화내는 모습에 주눅이 들었는지 오전에 넘어지기를 반복하다가는 못 타겠다고 하여 결국 지친 몸으로 스키장 식당에서 간단히 점심을 해결했다.

그런데 점심을 먹고 나니 아이가 다시 한 번 타보겠다는 것이다. 나도 아이에게 화를 냈던 것이 내심 미안했다. 이제 처음 타는 아이에게 잘 타기를 기대하며 화를 냈다니. 더욱이 앞으로 취미를 같이하겠다고 데려온 내가 아닌가. 다시 타보겠다고 하는 아이의 마음이 기특해서 다시 마음을 추스르고 오후에는 넘어지는 아이에게 오전과 달리 계속 격려하며 스키를 가르쳤다.

아이는 그해 몸살이 날만큼 수없이 넘어지며 스키를 배웠다. 한 번은 헬멧을 썼는데도 너무 심하게 넘어져서 응급실에서 치료를 받은 적도 있었다. 그때를 생각하면 무슨 정신으로 아이를 데리고 병원에 데려갔는지 모르겠다. 그럼에도 아이는 포기하지 않고 스키를 즐겼다. 올해도 어김없이 아이와 스키장을 다닌다. 이제는 시즌권을 구매해서 주말이면 스키장으로 달려가는데 이제는 나보다 아들의 스키 기술이 더 좋다. 8살 당시 서로 힘들다고 포기했다면 지금 누리는 아들과의 즐거움은 없었으리라.

고통과 실패는 그렇게 나를 성장시킨다

내 인생에서 가장 실패한 사례를 손꼽는다면 당연히 결혼이다. 지금은 이혼한 상태이니 그보다 더 큰 실패가 어디 있겠는가 싶다. 모범적인 삶을 살아오신 부모님 밑에서 올바른 가정교육을 받으며 큰 나였다. 사회의 표준적인 삶을 살아가야 하는 것이 당연하다고 생각하고 있었고 결혼도 마찬가지였다. 부모님 덕분에 부족함 없이 자라서 큰 좌절 또한 격지 않고 사회생활까지 무난하게 해왔다. 그런 중에 결혼의 실패는 이루 말할 수 없을 만큼 나를 초라하게 만들었다. 세상에 나 혼자 남겨진 듯 하고 대인 기피증도 생겼다. 그동안 해오던 SNS도 모두 그만두었다. 사람들과 소통하는 것조차 겁이 났다. 집사람의 배신에 대한 상처는 그만큼 나를 처참하게 만들었다. 하지만 그렇게 머무르고 있을 수만은 없었다.

아직 살아가야 할 시간이 살아온 시간보다 훨씬 많고 또 나를 바라보는 아이들이 있지 않은가.

정신을 차리고 이미 지나간 것에 대한 미련보다는 나의 미래에 집중했다. 집과 회사 생활이 전부인 것처럼 살아온 어제와는 달리 내일을 위해 부동산을 배우고 투자했다. 지난해 집사람이 진 빚을 갚기 위해 가지고 있던 집을 처분했다. 하지만 지금은 내 소유의 아파트가 2채이다. 집에 오면 TV만 보던 예전과 달리 이제는 책을 쓰고 있다. 결혼 생활 중에는 생각지도 못했던 일이다. 나는 결혼의 크나큰 실패를 통해 분명 성장하고 있다. 친구와 함께 기타를 배운 적이 있다. 코드를 잡기 위해 손가락 끝으로 기타 줄을 잡아야 하는 것이 처음에는 매우 고통스러웠다. 결국 친구는 배우기를 포기했다. 나는 물집이 잡히더라도 참아가며 코드를 잡고 줄을 튕겼다. 물집이 생겼을 때는 아프지만 물집이 굳은살이 되면 기타 실력이 늘어난다. 고통과 실패는 그렇게 나를 성장시킨다.

"만약 우리가 이 순간을 망친다면 다음에 다시 시도하면 돼. 또 실패한다면 그다음에 시도하면 돼. 그렇게 우리는 평생 계속 시도하는 거야."

— 〈무드 인디고〉 중에서

8

나의 가치는
타인이 아니라 내가 정한다

나보다 못했던 네가 성공이라고?

작년이었다. 2018년 봄 어느 날 점심을 먹고 사무실에 들어와 신문을 보다가 어느 신문 기사에서 나는 눈을 뗄 수가 없었다. "스타일난다' 로 레알에 매각…김소희 대표 4000억 원 자산 보유.' 스타일난다는 2005년에 창업한 기업이다. 김소희 대표가 입은 옷을 사고 싶다는 사람들의 요청에 따라 온라인 쇼핑을 운영한 것이 소위 대박이 난 것이다. 창업을 결심한 때는 불과 그녀가 22살 때였다. 김소희 대표는 순전히 자신의 재능과 열정 하나로 창업 10년 만에 글로벌 거대 기업인 프랑스 패션 업체와의 인수합병으로 4,000억 원이라는 거금을 손에 거머쥐는 엄청난 성공을 이룬 것이다.

우리는 주변 사람들을 평가할 때 가장 먼저 보는 것이 그 사람이 출신 대학, 다니는 회사, 연봉, 타고 다니는 자동차 등 배경을 파악하고 그것을 나의 것과 비교하여 이 사람이 얼마나 대단한지 아니면 열등한지를 판단한다. 스타일난다의 김소희 대표는 나보다 나이도 한참 어린데다가 학벌이 우수한 것도 아니었다. 그럼에도 대단한 성공을 이루었다는 기사 내용을 보면서 대단하다는 생각과 함께 나의 모습과 비교하며 어리둥절해 했다.

오랜만에 고등학교 동창들을 만났다. 서로 바쁘다는 이유로 1년에 2번을 채 만나기 어려운 친구들이었다. 송년회라는 명분으로 한창 추운 12월말 겨우 바쁜 시간들을 짬을 내어 명동에서 모임을 가졌다. 오랜만에 모임이라 피치 못할 사정이 있는 몇 명을 제외하고는 대부분 참석했다. 주로 고등학교 2학년 시절을 함께했던 친구들이다. 공부를 잘했던 친구들 또는 다소 뒤처진 친구들, 집안 환경이 부유했던 친구들 또는 그렇지 못했던 친구들 각양각색이었다. 고등학교 시절 우리는 그런 환경들이 친구들을 사귀는 목적이 되지 않았다. 함께 짝을 했다는 이유로, 집 근처에 살았다는 이유로, 야간 자율 학습을 함께 했다는 이유로 우리는 서로 친해졌다. 대학을 들어가 때로 소원해지기도 했지만 어떤 한 계기로 인해 다시 모이게 된 우리는 모임 이름도 정하고 친구들이 취직할 때, 결혼할 때 등 경조사가 있으면 누구보다 먼저 달려와서 축하해주었다.

기분 좋게 1차에서 식사를 마치고 2차에서 식사를 하는 중에 친구가 건배 제의를 하면서 뜬금없이 땅을 사라는 것이다. "무슨 뚱딴지같은 소리야." 하면서 다들 잔을 비우며 물어보았다. 그 친구는 장모님이 부동산 중개업을 하고 있다. 결혼 당시 장모님이 본인이 봐둔 땅이 좀 있으니 모아둔 돈을 가지고 그 땅을 좀 사두라고 했단다. 장모님 말씀을 거스르기 어려워 사둔 땅이 지금은 몇 배로 올랐다고 했다. 순간 그 친구를 바라보는 다른 친구들의 눈빛이 달라졌다. 그 친구의 땅값이 오른 만큼 주변 사람들이 바라보는 그 친구의 가치 또한 올라간 것이었다. 결국 2차 술값은 친구들 사이에서 가치가 오를 대로 오른 그 친구가 계산을 했다.

참 부러웠다. 학창 시절에는 학업 성적조차 서로 비교하지 않고 지내던 사이였다. 그런데 이제는 '내가 과연 저 돈을 벌 수는 있을까?'하는 생각이 들었다. 더욱이 그 시점에 나는 집사람이 저지른 온갖 채무 때문에 거의 무일푼에 가까운 처지로 나의 자존감은 바닥을 치고 있었다. 그 친구의 가치가 오른 만큼 나의 상대적인 가치는 형편없다는 생각이 들었다. 오랜만에 친구들을 만나 마시는 술맛이 쓰디썼다.

스스로의 가치는 누가 정하고 어떠한 척도로 정해지는 것일까. 가치의 사전적 의미는 사물이 지니고 있는 값이나 쓸모이다. 안타깝게도 자본주의 사회에서 가장 중요한 가치판단의 기준은 돈이다. 백화점에서 파는 명품 가방과 동네 시장에서 파는 가방의 가격이 같을 수 없듯 각 사람이 가지고 있는 재능과 영향력에 따라 그에 합당한 돈으로 가치를 정한다.

나는 명품에 매겨진 가격의 이유를 이해하기 어려워했다. 더불어 그 가격을 주고 명품을 사는 사람들조차 이해할 수 없었다. 단순히 그 제품의 원가만을 들여다보고 원가 대비 저 가격이 합당한 것인지만 생각했다. 그랬던 내가 몇 개월 전 난생 처음으로 명품 지갑을 구매했다. 그전까지 나는 해외 출장을 나가며 구매했던 4만 원짜리 머니 클립을 사용하고 있었다. 다른 이유는 없었다. 휴대하기 편리하다는 이유에서였다. 근데 그 지갑은 너무 작은 나머지 집 안에서도 수시로 잃어버려서 찾아다니기 일쑤였다. 지갑이 사라질 때면 그 지갑을 찾기 위해 혈안이 되었다. 어디에 뒀는지 기억이 안 날 때면 그날 내가 움직였던 동선을 따라 한참 헤매기도 했다.

내가 지갑을 바꾸기로 마음먹었던 결정적 계기가 있다. 몇 개월 전 막내 누나가 크게 결심하고 차를 바꿨다. 명품 브랜드의 독일 차였다. 차를 잘 모르는 누나를 대신에 여러 차례 자동차 딜러분과 직접 시승도 하고 옵션도 상담해가며 드디어 차를 계약했다. 누나가 타던 이전 차를 자동차 딜러분이 매입하기로 하여 차를 인수받으러 누나의 예전 차를 운전해서 용산에 있는 자동차 매장까지 갔다. 그곳에서 딜러분을 기다리며 잠시 매장에 전시되어 있던 차량들을 둘러보고 타보기도 했다. 마침내 딜러분과 함께 출고된 차량을 검사하고 옵션 등을 설명받은 뒤 신차를 몰고 집에 왔을 때였다. 내 지갑이 보이질 않았다. 누나의 신차 구석구석을 둘러봐도 보이지 않았다. 집안에 두고 갔나 싶어 책상과 가방을 찾아봐도 없었다. 머리가 지끈거렸다. 혹시 누나의 예전 차에 두고 온 게 아닌가 싶어 딜러분께 전화하고는 다시 차로 1시간을 운전하여 자동차 매장으로 향했다. 예전 차의 실내를 뒤져도 보이지 않자 체념하던 찰나 누나가 매장 실내를 둘러보자고 했다. 혹시 싶어 내가 타봤던 전시차를 둘러보던 중 운전석에 내 지갑이 떨어져 있었다.

그날 나는 나와 누나, 딜러분의 소중한 시간을 허비함과 동시에 온갖 정신적 스트레스도 받았다. 그리고 마침내 지갑을 바꾸겠노라고 결심했다. 나의 소중한 가치가 4만 원짜리 머니 클립보다 못하다는 것에 스스로 화가 났던 것 같다.

나는 꽤 구두쇠였다. 단돈 몇천 원 심지어 몇백 원을 아끼겠다고 인터넷 쇼핑몰을 몇 시간씩 이리저리 검색했다. 필요한 제품을 살 때 중고 물건을 즐겨 샀다. 직거래를 하겠다며 왕복 3시간을 길에서 보내기도 했다. 그래도 물건을 싸게 샀다고 뿌듯해했다. 지갑을 잃어버리고 나를 포함해 여러 사람의 소중한 가치에 피해를 주다 보니 생각이 바뀌었다. 그동안 얼마나 아끼겠다고 나의 소중한 시간이란 가치를 낭비해왔는가.

올해 여름 식구들과 해외여행을 나가면서 면세점 명품 점에서 일시불로 지갑을 하나 구입했다. 얼마 지나지 않아 막내 누나가 같은 브랜드의 파우치를 하나 더 선물해 줬다. 내가 산 지갑의 가격대비 무려 2배가 넘는 파우치였다. 그 이후 나는 지갑을 절대 잃어버리지 않는다. 더불어 지갑 안에 보관되는 지폐 역시 소중히 여긴다. 명품이 나의 가치를 대신 올려주지는 않지만 적어도 나의 가치를 소중히 여기는 도구가 된다.

성공은 나만의 독창적인 길을 만들어나가는 것

가정에서, 회사에서, 모임에서 나의 가치는 수시로 바뀌는 듯하다. 마치 물건의 가격이 파는 상점마다 다르듯 나의 가치도 환경에 따라 다르다. 가정에서의 나의 가치는 매우 높다. 가정의 한 구성원, 가장으로서 나의 자존감이 가장 높다. 회사에서의 나의 가치는 내 연봉과 일치한다. 회사는 나의 능력과 시간을 돈의 가치로 보상해주기 때문이다. 회사에서 나의 능력을 끌어올리고 높은 실적을 이루려고 노력하는 목적도 나의 가치를 높여 더 나은 월급을 받기 위함일 것이다. 사회 모임에서는 어떠한가. 사교 모임에서는 나의 외모와 잘나가는 직장, 유망한 직업, 월급 등이 모임에서의 서열을 가르고 나와 상대방의 가치 기준을 나눈다. 이것이 보편화된 가치의 척도이다.

대부분의 사람은 부모님의 말에 따라 또는 친구나 선배의 조언에 따라 사회가 보편적으로 만들어놓은 기준 가치를 선택하여 그 길을 가고 있다. 하지만 인생의 챔피언이 되는 길은 남이 만들어놓은 길을 따라가는 것이 아니라 나만의 독창적인 방법을 사용하는 것이다. 가장 나다운 컬러로 나만의 능력을 발휘하자. 나의 가치는 내가 정하는 것이고 어떠한 것과도 바꿀 수 없는 가장 소중한 것이다.

'비밀 재료는 없어! 단지 특별하다고 믿으면 특별해지는 거야!'

— 〈쿵푸 팬더〉 중에서

◁ 내 인생의 주인이 된다는 것 ▷

잠시 행복한 상상을 해보자. 내가 5년 뒤 또는 10년 뒤 진정으로 바라는 것 하나를 떠올리자. 지금 당장 그것의 실현 가능성을 가늠할 필요는 전혀 없다. 당장 내일도 불분명한데 몇 년 뒤의 나의 모습을 어떻게 장담하겠는가. 바라는 그것이 이루어졌다고 생각해보자. 내가 소망하는 그것이 이루어졌을 때 나의 모습은 어떠한가. 나는 어떤 표정을 짓고 있는가. 나의 감정은 어떠한가. 주위의 사람들 가령 식구, 친구들, 나를 무시하던 사람들은 나에 대해 어떤 얘기를 하고 있는가.

이루어질 당시의 그 가슴 벅찬 설렘을 가지고 지금 당장 시작하자. 이미 이루어진 것처럼 말이다. 그것이 바로 '이루어짐의 끝에 서서 생각한다.'라는 말의 의미이다.

4 장

삶의 중심을
나로 세우는
7가지 원칙

1

나부터 생각하는

이기주의자가 되라

남 눈치 보는 것이 미덕인 사회

'요즘 애들은 배려가 없고 너무 지들 멋대로야.' 핵가족 시대에 태어나 부모들의 사랑을 독차지하며 자란 덕분에 나만 생각하는, 지극히 개인주의적인 요즘 젊은이들을 꼬집는 말이다.

한참 요즘 애들이라고 불리던 세대가 지금 내가 다니는 회사의 30대 초중반의 대리급 직원들이다. 직장이라는 환경 탓인지는 몰라도 나는 그들이 멋대로 한다는 생각을 전혀 하지 못한다. 자기 의견을 제대로 표현하지 못하고 때로는 지극히 수동적이다.

요즘 회사에서 바라는 인재상은 멋대로 의견을 제시하고 표현하는 것이 아닐까 싶다. 심지어 과거의 억압된 회사 분위기를 타개하기 위해, 절대 변할 것 같지 않던 전통적인 한국 기업들이 변화하고 있다.

몇 년 전만 해도 회사가 있던 (지금은 마포로 이전했다) 종로, 명동이라든지 주요 고객사가 위치해 있는 강남 테헤란에 가보면 넥타이 부대들이 거리에 가득했다. 넥타이는 기본이거니와 한여름에도 긴팔 와이셔츠를 입어야 했다. 정부의 에너지 절약 방침에 따라 사무실은 무더위에도 에어컨 없이 섭씨 24도 이상을 유지하면서도 회사에서 규정한 복장으로 땀 흘리며 힘들어했던 직원들의 모습이 생생하다.

지금은 완전히 딴판이다. 넥타이가 사라진 지 오래다. 나는 개인적으로 넥타이로 코디하는 것을 좋아하는 편인데 다수의 고객사에서 넥타이가 없어지니 나만 넥타이를 하는 것도 불편해 보여 하지 않고 있다. 넥타이뿐만 아니라 완전한 복장 자율화가 시행되고 있다.

지난 여름 고객사를 방문했을 때는 담당자가 반바지에 라운드 티를 입고 미팅에 참석했다. 주로 젊은 층으로 구성된 IT 계통에서만 있을 수 있는 모습이 정통 제조업으로까지 확대된 것이다. 그만큼 개개인의 개성과 의견을 중요시하지만 수직 계열의 회사 조직에서 복장이 바뀐다고 태도마저 바꾸는 건 어려운가 보다.

공장과는 달리 서울에 위치한 우리 사무실은 구내식당이 없다. 점심마다 외부 식당을 이용하는데 이것이 곤욕이다. 마치 점심때만 되면 눈치 게임을 하는 것 같다. 간혹 상사가 개인적인 약속이 있어 대리급 직원들만 식사할 때면 본인들끼리 지역 맛집을 찾아가 식사하기도 한다. 그렇게 능동적일 수가 없다. 하지만 대부분 상사 직원과 함께해야 하는 점심시간에는 회사 입구에서 입을 꾹 다물고 있는다. 상사 한 명이 한 곳을 말하면 그제야 맞장구를 치기 일쑤다.

나는 속으로 회사 근무시간 중 유일한 자유 시간인 점심시간마저 상사 눈치를 보며 메뉴를 골라야 하나 안타까운 마음이 든다. 간혹 팀원과 술 한잔하려 하면 웃으면서 본인은 결정 장애가 있다며 내가 가고 싶은 곳이면 아무 데나 괜찮다는 말에 왜 본인 의견을 가지고 표현하지 못하나 안타까운 마음이 든다. 팀 회의에서 팀원이 의견을 표현할 때까지 기다리기도 하지만 머뭇거리는 모습을 보자면 나 역시 내 상사에게 같은 모습인가 싶어 자성하게 될 때도 있다.

식구들과 식사를 하는 중에 어머니가 첫째 아이에게 "○○이는 참 착해."라는 말씀을 하셨다. 평소 같으면 그냥 고개를 끄덕이며 넘어갔을 텐데 그날따라 그 표현이 거북하게 들렸다. 서로를 이용해먹지 못해서 안달인 정글 같은 요즘 세상에 '착하다'는 말은 더 이상 칭찬이 아니다. 조금 더 비약한다면 약아빠진 요즘 아이들에게 언제든 '호구'가 될 수 있는 먹잇감이라는 생각이다.

어릴 때 '착하다'는 말을 귀에 인이 박히도록 들어왔다. 어른들이 착함을 칭찬으로 말씀해주시니 착하게 사는 것이 정답이라고 생각했다. 나보다 남을 존중하며 살아왔다. 지나온 삶은 돌아보면 '내가 얻은 것이 무엇인가?'라는 생각이 든다.

'우리'를 존중하되 우선순위는 바로 내가 되자

고등학교 시절 친하게 지내던 친구가 있다. 반에서 짝으로 함께 앉으며 친해진 친구다. 근데

이 친구는 내가 그동안 가깝게 지내던 친구들과는 많이 달랐다. 무엇이든 본인이 중심이고 본인이 우선이었다. 본인의 필요와 목적에 따라서 친구들을 선별하고 만난다는 느낌이 많이 들었다.

나는 학교가 끝나면 친구들을 집으로 불러서 함께하길 좋아했던 성향이었다. 한 번은 친구가 집에 오겠다고 하여 알겠다고 했더니 누군가를 데려왔다. 본인 친구인데 같이 마땅히 갈 곳이 없어서 함께 왔다는 거였다. 그런 친구에게 어머니는 다과를 내놓으시며 재밌게 놀다 가라고 하셨다.

아쉬운 소리를 잘 못하는 나는 그 친구의 '호구'였다. 서로 대학을 졸업하고 취직을 한 이후에 함께 만나더라도 식사비는 의례 내 몫이었다. 친구가 2번의 이사를 하면서 집들이 선물을 들고 집을 방문했을 때도 그 흔

한 커피 한잔, 짜장면 한 그릇 얻어먹지 못하고 홀로 집에 돌아와야 했다.

술을 마시지 않는 친구라 한 번은 압구정동에 맛있는 식당이 있다고 하여 점심 약속을 잡고 나간 적이 있다. 둘이 보는 줄 알고 나가 보니 그 친구의 여자 친구와 대학교 동기가 함께 나와 있었다. 예전에도 몇 번 인사를 했던 터라 크게 불편하지 않게 대화를 나누며 식사를 마쳤다. 자리를 파하고 나오는데 대뜸 나에게 계산해달라며 셋이 식당 밖을 나가버렸다. 하는 수 없이 내가 식사 계산을 하고 나와 인사를 하고 돌아온 적도 있다.

이 친구의 데이트 비용을 내가 지불한 적도 여러 차례였다. 내가 차를 구입하였다는 이유로 서울 근교 카페에 나가 식사와 차를 마시기도 했고 한강에서 함께 보낸 시간의 대가를 내가 치러야 했다. 나는 도저히 참을 수 없어 그 친구와의 연락을 끊었다.

남에 대한 배려는 전혀 없는 이 친구는 자기 자신에게는 매우 가혹했다. 친구의 살아온 가정환경이 여유롭지 못한 이유 때문이기도 했던 것 같다. 이 친구의 꿈은 매우 구체적이었다. 그 꿈을 위해 회사를 다니면서 새벽과 저녁에 자격증 공부에 매진했다. 대기업에 종사했지만 비전이 보이지 않는다며 과감하게 그만두고 다른 준비를 했다.

몇 차례 시도 끝에 본인의 이전에 다니던 회사보다 연봉이 높은 금융권에 취직하였다. 그가 목표하던 것이었다. 그뿐만이 아니었다. 남들에게 아쉬운 소리 들어가며 치열하게 모은 돈으로 구입한 아파트가 지금은 구입한 당시보다 2배 이상 오른 것으로 알고 있다. 친구가 구입했던 때와는 완전 다른 세상으로 발전한 그쪽 지역을 지날 때면 항상 그 친구가 떠오른다.

당시 집을 구입할 때도 몇 개월간 서울 지도를 펴놓고 남다른 시각으로 분석했던 친구다. 집을 구입한 후 카페에서 만날 때 자신이 그 지역 아파트를 구입한 이유를 상세하게 설명했는데 여전히 그 내용이 기억난다. 지금 생각해봐도 그는 20대 후반 당시에 뛰어난 통찰력을 가지고 있었다.

고등학교 선배를 만나 저녁 식사를 하는 중에 그 친구 얘기가 나왔다. 워낙 특이한 성향이라 그 선배도 기억하고 있었다. 선배는 몇 달 전 본인이 사는 아파트 지하 주차장에서 그 친구를 본 듯했다고 얘기했다. 키도 크고 걷는 모습에 특징이 뚜렷했기에 선배는 그 친구라고 확신했다. 이름을 부를까 하다가 그냥 지나쳤다고 하는 선배는 그 친구가 독일 외제차를 타고 가더라고 말했다.

비록 친구들에게 지나치다 싶을 정도로 본인 중심적인 언행을 해 미움을 사긴 했어도 본인의 가족과 함께 스스로 목표한 삶을 충실히 꾸려나가고 있는 듯했다.

유럽 회사에 종사하고 있는 덕분에 유럽 특히 선진국이라고 부르는 서

유럽과 북유럽 국가의 직원들과 소통하고 직접 만나 그들의 일과 삶을 엿볼 기회가 많다. 그들은 회사에서 각자의 업무 책임감은 있어도 단체에 대한 책임 의식은 우리보다 훨씬 덜하다. 개인과 회사의 구분이 철저하다. 회사를 내 개인 생활의 행복을 위한 수단 그 자체로 인식한다. 그래서 회사보다는 가정과 개인을 우선시한다. 한국 사람들은 업무상 메일을 쓸 때도 우리를 뜻하는 'We'라는 표현을 주로 쓰는 반면 그들은 나 'I'로 표현하는 것이 그 반증이라고 생각한다. 따라서 그들 개개인의 여유로운 마음이 모인 그 나라의 행복 지수가 우리나라보다 높은 건 당연한 게 아닐까 생각한다. '우리'라는 문화를 가지고 있는 우리나라의 정이 넘치는 문화를 존중하되 그 안에서 가장 우선순위는 바로 내가 되자.

"사람들은 나무를 보면서 '아낌없이 주는 나무'라고 칭찬한다. 하지만 나무는 철저한 이기주의자다. 오로지 자신을 위해서만 산다."

– 나무 연구가 강판권 교수

2

되고 싶은 것, 하고 싶은 것, 갖고 싶은 것을 자주 상상하라

나의 버킷리스트는 무엇인가

2008년도에 개봉하여 큰 인기를 끌었던 영화가 있다. 바로 잭 니콜슨과 모건 프리먼이 주연을 맡았던 〈버킷리스트: 죽기 전에 꼭 하고 싶은 것들〉이다. 괴팍한 성격에 자수성가한 사업가인 에드워드와 가족 부양을 위해 평생 고단한 삶을 살아온 카터가 주인공이다. 모두 병환으로 시한부 선고를 받고 같은 병실에서 생활하게 된다. 살아온 환경은 완전히 다르지만 시한부 선고로 서로에게 동병상련을 느끼며 서로 친해진다.

어느 날 종이 위에 낙서하듯 쓴 카터의 버킷 리스트를 발견한 에드워드가 죽기 전에 모두 실행에 옮기자는 제안을 한다. 영화는 그들이 희망 목록을 이뤄가며 변화되는 모습을 그린다. 이 영화를 기점으로 대한민국에도 버킷 리스트 붐이 일어났던 것으로 기억난다.

    살던 집을 처분하고 어머니 댁으로 이사 가기 전에 나만의 방이 따로 있었다. 학창시절 내 방이 있다는 것이 얼마나 행복한 것인지 결혼을 하고나서 알았다. 모든 것을 공유하는 결혼 생활에 나만의 공간이 없다는 것이 때로 아쉬웠다. 아이들 태어나기 전에는 방 하나짜리 18평 아파트에 살았고 아이들이 태어나면서는 방 3개 있는 집으로 이사하였지만 안방과 아이들 방 그리고 방 하나는 거의 창고 수준으로 사용되면서 내가 바라던 나의 공간은 없었다.

    소중한 방 하나가 창고로 쓰이는 것이 너무 아쉬워 집사람과 상의하여 일부 공간을 정리하고 내 책상을 들여놨다. 남들이 보기엔 정신없이 어지러운 보잘것없는 방이었지만 나는 내 책상 이외의 잡동사니는 눈에 들어오지 않는 나만의 서재였다. 초등학교를 진학하는 첫째 아이 책상과 서랍장을 사기 위해 갔던 가구점에서 너무나 맘에 드는 '사장님 의자'를 발견하고는 망설임 없이 함께 구매하여 내 서재에 가져다 놓았다.

    책상과 멋진 의자까지 들여놓으니 손색없는 서재가 완성되었다. 아이들 방에는 어릴 때부터 사용하던 커다란 화이트보드가 있었다. 언젠가부터 공간만 차지하고 있는 것 같아 집사람이 어떻게 처분할까 고민하던 중에 내가 냉큼 서재로 가져와 책상 앞에 못을 박고 걸었다. 책상 앞 벽을 가득 채울 만큼 커다란 화이트보드는 내 메모장이 되었다. 내가 해야 하지만 혹여 놓칠 수 계획이나 집안행사 등을 화이트보드에 적으며 꽤 유용하게 사용했다.

어머니 댁으로 이사 오며 책상을 처분할까도 고민했다. 기존에 사용하던 가구와 집기들을 모두 챙겨 오기에는 어머니 댁의 공간이 여유롭지 않았기 때문이다. 아이들 물건을 최우선으로 하면서 침대나 장롱, 서랍장 등 대부분이 폐기물 업체를 통해 산산조각이 나서 용달차로 실려갔다. 내 서재의 꿈이 일장춘몽으로 끝나는 것인가 고민했다. 어머니 댁에 아이들 책방으로 쓸 방의 사이즈를 이리 재고 저리 재며 고민했다.

내 책상만이라도 가져오고 싶어 하는 마음을 어머니가 아시고는 공간을 만들어 주셨다. 마침내 아이들 공부방에는 나의 서재와 함께 책상 3개를 나란하게 놓았다. 안락하게 나를 품어준 '사장님 의자'와 함께 내가 편리하게 사용하던 화이트보드도 가져왔다. 화이트보드는 이전과 똑같이 책상 앞에 못을 박아 걸었다. 집을 잃었다는 슬픔과 괴로움은 물론 컸다. 하지만 되돌린 수 없었고 집을 처분하는 것이 집사람이 저지른 부채를 처리하는 유일한 방법이었다. 그래도 내가 그토록 소중히 여기던 나만의 서재를 가져왔다는 것은 크나큰 좌절 속에서 힘겹게 찾아낸 기쁨 중 하나였다.

내 서재의 물건들 중 이전과 한 가지 달리 사용된 것이 있다. 바로 화이

트보드이다. 내가 해야 할 일이나 집안의 중요한 행사를 기입하던 화이
트보드에 나의 꿈을 적어나가기 시작한 것이다. 그곳에는 내 주변에 챙
겨야 할 대소사 대신에 오롯이 내가 하고 싶은 버킷 리스트를 적어나갔
고 남은 공간은 긍정의 언어로 채워나가기 시작했다. 그것이 2018년 말
의 일이었다.

이루어지는 삶의 방식

2018년은 집사람 문제로 꿈조차 꿀 수 없는 절망의 해였다. 언제까지
그렇게 살 수는 없었다. 2019년을 맞이하기에 앞서 내가 새해에 하고 싶
은 것들을 가만히 생각해보았다. 뭔가 거창한 것이 아니라도 좋다. 소소
한 거라도 내가 하고 싶은 것들을 적어보자 싶어 노트를 꺼내어 하나하
나 적어갔다.

금세 여러 가지가 채워졌다. 죽고 싶다고 생각했던 게 불과 엊그제였
다. 근데 지금 나 혼자 앉아서 내가 하고 싶은 것을 적고 있다니 피식하
고 혼자 웃었다. 그중 2019년에 꼭 해보고 싶은 것들 6가지를 추려서 화
이트보드에 정성껏 적었다. 몇 년 전 회사에서 지정한 외부 교육 시간 중
에 버킷 리스트를 적어보라고 해서 적은 적이 있다. 당시에는 강사가 시
키니까 수업 중에 어쩔 수 없이 적어냈다.

그때와 지금은 달랐다. 마치 제2의 인생으로 다시 태어난 듯한 시점에

적어내는 나만의 버킷 리스트는 간절함이 묻어났다. 2019년 매일매일 내가 바라보며 되뇌던 리스트는 총 6가지였다.

1. 독서 많이 하기
2. 자격증 따기
3. 식구들과 오케스트라 연주회 가기
4. 매일 일기 쓰기
5. 아들과 1박 2일 자전거 여행가기
6. 부동산 공부하여 실전 투자하기

그 밑에는 '긍정의 힘! 마음먹은 대로 이루어졌다!'라고 빨간색으로 써 놨다. 나는 매일 내 책상이라는 공간을 사랑한다. 퇴근 후 가장 많은 시간을 보내는 곳이 내 책상이다. 그런 덕분에 내 책상 앞에 기록한 2019년의 목표를 하루에도 몇 번씩 보고 되뇌었다.

그뿐이 아니다. 아이들과 공부방을 함께 공유하기에 아이들도 나의 화이트보드를 수시로 본다. 어머니도 매일 아침 청소하시면서 수차례 보셨을 것이다. 어머니 댁으로 거처를 옮기면서 아이들이 다니던 학원을 모두 중단시키고 가정교사 선생님들을 집으로 모셨다. 과목별로 지금 총 4분의 선생님이 일주일에 몇 차례씩 집으로 오셔서 내 책상에 앉아 아이들을 지도하신다. 그분들도 분명 내 화이트보드의 내용을 보실 것이다.

실제로 몇몇 선생님은 아이들에게 "아버지가 참 대단하시다."라는 말씀을 전하셨다고 한다.

나는 나 자체로 그리고 어머니의 자랑스러운 아들로 아이들의 아빠로 사명감을 잃지 않고 있다. 나의 꿈을 나와 주변의 여러 사람과 공유하면서 나도 모르게 2019년의 목표들을 하나둘 이루어갔다.

2019년 10월, 내가 적어놓은 2019년 6가지 각각의 목표 옆에 '완료'라는 글자를 덧붙였다. 짧은 그 두 글자를 적으면서 눈물이 났다. 너무나도 힘든 시기를 지나 다시 살아보겠노라고 스스로 다시 꿈을 꾸며 1년 전에 적어놓았던 새로운 해의 목표였다. 나 스스로 꾸준히 반복하고 많은 사람들과 함께 공유하면서 상상으로 적어놓았던 꿈의 목록이 현실이 되는 기적을 맛본 것이다. 누군가에게는 별것 아닐 수 있는 것일지 몰라도 나 스스로에겐 '할 수 있다'는 자신감과 확신을 갖게 된 2019년의 경험이었다. 더욱이 상상의 힘을 믿게 되었다.

세계적인 심리학자 '맥스웰 몰츠'박사가 실시했던 흥미로운 실험을 소개한다.

그는 농구 선수들을 무작위로 2개 그룹으로 나누었다. A그룹에게는 마음속으로 공을 던져서 백발백중 성공시키는 상상을 하라고 했다. 반면에 B그룹에게는 사전에 아무런 미션을 주지 않았다. 그리고 실제로 농구 골대에 슈팅을 시킨 결과 A그룹이 B그룹보다 슈팅 성공률이 월등히 높았다. 상상력이 성과를 높인다는 사실을 보여주는 사례이다. 상상만으로도 성과를 높일 수 있다니 인간의 잠재능력은 가히 무궁무진하다.

　2020년을 맞이하기 전 아이들과 공부방에 모여 서로의 버킷 리스트를 적었다. 아이들은 각자 20개, 나는 30개를 적기로 했다. 20개도 많다며 투덜거리던 아이들은 얼마 지나지 않아 20개로 준비된 용지가 부족하다며 용지를 더 달라고 했다. 결국 40개가 넘게 적고는 다음에 생각날 때 더 적겠다며 빈 용지를 추가로 요구했다. 나와 아이들은 각자 적은 용지를 책상 앞에 붙여놓았다. 각자의 사명감을 담은 사인도 했다. 나와 아이들이 상상으로 기록한 소망들은 내가 2019년에 실제로 경험했듯 분명히 현실이 될 것이라 확신한다. 설마 그러겠냐며 여전히 믿지 못하고 시작조차 하지 않는가? 그렇다면 내일도 어제와 같은 모습일 것이다. 시작하자. 꿈꾸고 상상하자. 그것이 반복되고 널리 공유되면서 어느 새인가 나의 모습이 되어 있을 것이다.

'네가 네 꿈을 쫓지 못한다면 넌 식물인간이나 다름없단다.'

ー〈세상에서 가장 빠른 인디언〉 중에서

◁ 내 인생의 주인이 된다는 것 ▷

버킷 리스트를 작성해보자. 이미 작성되어 있어도 좋다. 처음에는 10개를 적어놓았더라도 시간이 지나면 새로운 내용이 생기기 마련이다. 그중 이미 실현된 것도 있을 것이다. 그 수가 늘어날수록 내가 살아가는 즐거움도 더해질 것이다. 처음에는 10개로 시작하여 50개, 100개로 점차 늘려나가자.

3

가슴이 뛰는
담대한 목표를 가져라

어제와 오늘 그리고 내일이 모두 똑같더라

한 해가 가기 전에 고등학교 친구들과 송년회를 가졌다. 고등학교 때
는 매일 붙어 다니던 친구들이었다. 어느덧 20년이 훌쩍 넘은 지금은 서
로 바쁜 일상 속에 1년에 한 번 만나기도 쉽지 않은 친구들이다. 갑자기
늙어버린 친구들의 모습이 나의 모습에 투영되면서 반가운 마음과 함께
괜히 서글픈 마음도 들었다.

술잔을 비우면서 그간의 안부들을 묻는데 적게는 1년 길게는 3년 또는
4년 만에 참석한 친구들을 보면서 서로 "벌써?"라며 놀라는 눈치였다.

길어 봐야 1년 정도밖에 안 된 것 같았는데 3년만이라니. 3년이라면 고등학생 시절의 전체 기간이 아닌가. 고등학생 시절 당시에는 너무나 길게만 느껴졌던 3년이었다. 지금 나이에 3년을 돌아보니 마치 찰나의 순간 같은 느낌이었다. 친구 한 녀석이 말을 꺼냈다.

"지금 우리 나이는 하루하루가 별다를 게 없잖아. 어제나 작년이나 똑같은 반복이야. 어제가 오늘 같고 지난달도 오늘 같은 특별한 기억이 없는 시간이니 그 시간이 함축적으로 느껴지는 거겠지."

모두가 수긍했지만 한편으로는 마음 한구석이 편하지는 않았다. 내 삶의 기준이 어디에 맞춰져 있는 것일까. 모두가 지극히 수동적인 삶이었던 듯하다. 학창시절엔 부모님 밑에서 제도권의 틀 안에서 학교 수업 과정에 충실했다. 꿈을 내 시험 성적에 맞춰야만 했다. 취업도 별로 다를 것은 없었다. 나를 뽑아주는 회사에 그저 감사해하지 않았던가? 면접 때는 이 한 몸 바치겠다며 대단한 각오를 밝혔다. 어느덧 머리숱이 줄어 두피가 훤히 들여다보일 때 즈음 모인 친구들은 나라는 존재보단 회사와 가정에서의 소속의 일원으로 삶의 기준이 맞춰진 채 하루하루 큰 의미 없이 보내고 있었다.

주변에서 말하길 같은 회사 근무한 지 10년 정도 되면 위기가 한 번 찾아온다고 했다. 묵묵히 회사 업무로 하루하루 정신없이 일하다가 문득 멈춰 설 때가 그 시점쯤이라고 했다. 나 역시 10년이 넘으면서 갑자기 머리가 혼란스러웠다. 이 회사가 나한테 정말 맞는 회사인지, 나에게 앞으로의 비전을 보여주는 회사인지를 고민하게 됐다.

나보다 근속 연수가 많은 선배 상사들을 보며 나의 미래를 투영해보기도 했다. '내가 저 나이 때 저 모습으로 살고 있다면 과연 행복할까. 내가 앞으로 5년 뒤 또는 10년 뒤에는 이 회사에서 어떤 일을 하고 있을까.' 마치 청소년기 사춘기 같았다. 뒤도 돌아보지 않고 그저 열심히 달려오기만 한 세월이었다. 나의 20대 후반과 30대의 청춘을 오롯이 회사에 보내면서 때 되면 올라가는 연봉과 승진에 만족하며 살아왔는데 나도 모르게 갑자기 멈춰버렸다.

그때부터 일이 제대로 손에 잡히지 않았다. 상사가 업무 지시를 해도, 거래처와의 미팅에서 나온 요구 사항에도 괜한 반발심이 들었다. 갑자기 다니는 회사가 너무나 싫어졌다. 나는 인터넷으로 구직 사이트에 나의 이력서를 등록하기 시작했다.

지금 다니는 회사를 탈출하면 지금보다 뭔가 달라질 것만 같았다. 막연했지만 적어도 지금보단 상황이 달라질 것만 같았다. 회사에 취직할 10년 전 이후로 다시 내 이력서와 자기소개서를 쓰면서 가슴이 떨리고 설레였다. 새로운 회사로의 이직이 지금의 막막함에 대한 탈출구라고 생각했다.

　그때가 30대 중반 과장급이니 회사 실무자로서 한창 제 역할을 해낼 수 있는 경력이었다. 나름 지금 회사에 기여한 성과도 꽤 있다고 스스로 자부했다. 구직 사이트에 등록한 지 얼마 지나지 않아 헤드헌터로부터 전화나 이메일이 이어졌다. 기업에서도 대졸 신입사원보단 채용 후 바로 현업에서 일할 수 있는 경력직을 많이 선호했다. 연락들을 계속 받다 보니 괜히 흥분되고 설레였다. 지금 회사의 규모나 대우 등을 고려하여 한 업체에 면접을 승낙했다. 그 업체는 헤드헌터가 아닌 인사 팀장으로부터 직접 연락을 받았다. 유럽 회사로 일반인들도 이름을 대면 알 수 있을 정도로 인지도가 있는 회사였다.

　지방 출장 중에 연락을 받고는 내가 면접이 가능한 날짜로 시간 약속을 잡았다. 내가 다니는 회사 외에 다른 회사를 가는 것은 지금껏 내 거래처 외에는 처음이었다. 묘한 긴장감이 느껴졌다. 회사에 휴가를 내고 강남에 위치한 회사로 찾아갔다. 강남 건물에 일부 층을 임대하여 사용하던 그 회사는 내가 다니는 회사와 같은 유럽계라서인지 몰라도 사무실 구조가 유사했다. 리셉션의 안내를 받아 소회의실에서 잠시 대기하고 있으니 잠시 후, 인사 팀장이 들어왔다. 면접은 30분 정도 이뤄졌던 것 같다.

살면서 느껴본 적이 별로 없는 정말 묘한 기분이었다. 마치 가출을 마음먹은 학생 같은 느낌이 들었다. 주차를 하고 면접을 보러 올라가는 엘리베이터 안과 인사 팀장을 기다리는 회의실에서 그리고 면접이 진행되는 내내 나는 집중할 수 없었다. '내가 지금 뭘 하고 있지?'라는 생각에 면접 도중 양해를 구하고 회사로 복귀했다. 그날 휴가를 냈음에도 왠지 모를 죄책감에 회사에 복귀해야 할 것만 같았다. 이사님과 동료들이 여느때처럼 분주히 움직이고 있었다.

내 착각이었다. 이직을 한다고 내 삶이 달라지지 않는다. 돌이켜 생각해보면 지금만 한 회사도 없다. 몇 년 전 퇴사하고 이직한 회사 동료는 새로운 회사에 적응하지 못하고 최근 세 번째 회사에 입사했다. 나에게 입버릇처럼 본인이 몇 년 전 그때라면 절대 그만두지 않았을 거라며 지금이라도 자리가 있다면 다시 입사하고 싶다는 마음이라고 했다. 듣기 좋으라고 하는 소리인 줄 알았는데 재취업을 고민하며 몇 차례 내 상사를 찾아왔다. 지금은 퇴사한 내 사수였던 이사님이 종종 나에게 말씀하셨던 조언이 떠올랐다.

"절대로 다른 회사에서 연봉 조금 더 준다고 이직하지 마. 연봉 몇백, 몇천만 원 그거 살다보면 큰 거 아니야. 대신에 본인이 뭔가 새로운 것을 시작하려거든 철저히 준비하고 그때 월급쟁이를 청산해. 그때 퇴사한다고 하면 내가 기꺼이 축하해줄게."

내가 진정 원하는 것이 무엇인가

얼마 전 나는 '한국책쓰기협회'를 통해 여러 사람과 함께 공동 저서에 참여했다. 『보물지도19』라는 제목의 책으로 내가 소망하는 꿈 5가지를 소제목으로 이루어 출간한 책이었다. 여러 소망 중에 5가지 소제목을 골라 제출했다. '내 아이들에게 들려주는 책 한 권 쓰기', '그림 같은 2층집 지어서 살기', '성공한 부동산 투자자 되기', '아들과 미국 66번국도 횡단하기', '방황하는 청년들을 위한 희망 강연가 되기'.

소제목을 제출하는 것만으로도 설레서 심장이 터질 것만 같았다. 이 소망들이 이뤄졌을 때의 나의 모습을 상상해보았다. 소망 중에는 아이들과 함께 꿈꾸는 소망도 포함되어 있었다. 내가 이직을 고민하며 면접을 시도하던 때보다 한참 전부터 꿈꿔오던 소망도 있었다. 소제목을 제출하고 그에 맞는 내용들을 적어가는 시간 내내 마치 첫사랑을 만나는 것처럼 풋풋한 기분이었다. 그래 나에게도 꿈이 있었다. 잊고 있었던 그 꿈을 공동 저서를 통해 다시 소환하여 되새김질하고 있었다. 그 꿈이 이루어진 모습을 상상하며 반드시 현실이 될 것이라고 글을 쓰면서 계속 되뇌었다.

매일이 사춘기다. 푸른 젊음의 사춘기는 반항의 격동기만 있는 것이 아니다. 남이 아닌 나 자체를 고민하면서 자아를 형성해가는 시기다. 나만의 꿈을 꾸고 미래를 상상하는 시기다. 그 사춘기의 꿈은 비단 10대에만 해당되는 것이 아니다. 20대, 30대에도 그리고 백발이 성성한 60대에도 꿈을 꾼다. 가슴 설레는 꿈을 꾼다. 때로는 그 꿈을 돈으로 치환하는 오류를 범하기도 한다. 나는 오늘도 내 꿈 중 하나인 부동산 관련하여 일처리를 하다가 발생한 비용 문제로 오전 내내 머리가 아프고 속상했다. 화가 나기도 했다. 잠시 감정을 멈추고 스스로를 돌아봤다. '나는 꿈을 향하고 있는 중인가, 아니면 돈을 추구하고 있는 중인가?' 순간 마음이 차분해졌다. 나는 분명 가슴 뛰는 꿈을 향해 가고 있는 중이다. 꿈의 관점에서 일처리를 하고 난 후 마음이 더없이 편안했다.

"세상을 보고 무수한 장애물을 넘어 벽을 허물고 더 가까이 다가가 서로를 알아가고 느끼는 것, 그것이 바로 우리가 살아가는 인생의 목적이다."

— 『월터의 상상은 현실이 된다』 중에서

4

목표는 명확하고
전략은 단순해야 한다

나는 지금 어디를 향해 가고 있는가

'정확한 목표 없이 성공의 여행을 떠나는 자는 실패한다. 목표 없이 일을 진행하는 사람은 기회가 와도 그 기회를 모르고 준비가 안 되어 있어 실행할 수 없다.'

미국의 유명한 목사이자 작가인 노먼 빈센트 필의 명언이다. 제대로 된 목표에 따른 계획 없이 무작정 행동부터 하는 것만큼 위험한 것도 없다. 아무리 실천이 중요하다지만 목표라는 최종 목적지가 없다면 동서남북 사방으로 길만 헤매다가 지쳐버리는 꼴만 생긴다.

몇 년 전 회사 중간 관리자들을 대상으로 사내 교육이 있었다. 2년에 한 번씩 전 세계에 퍼져 있는 회사 그룹 인원 중 12명 정도를 선발하여 6개월 간격으로 일주일씩 진행했던 교육이었다. 운 좋게도 그 교육과정에 내가 선발되어 세계 각국에서 모인 동료 직원들과 함께 생활하며 이전과는 다른, 완전히 새로운 방식으로 교육을 받을 기회가 있었다.

독일에서 첫 주차 교육이 진행되었다. 서로 처음 만나는 자리이고 교육이 어떻게 진행될지도 몰라 서먹하면서도 긴장되는 자리였다. 첫날 아침 각자의 소개와 교육에 대한 포부를 밝히고 곧바로 진행된 교육에서 강사가 갑자기 임의로 3개의 팀으로 나누고 과제를 제시했다.

과제물이 적힌 미션지와 그에 따른 필요 물품들이 지급되었다. 과제 자체는 간단했다. 주어진 재료와 가상 자금을 가지고 종이 다리를 만들라는 거였다. 각자 구매팀, 영업팀, 설계팀, 프로젝트운영팀 등으로 나누었다. 가상의 고객사의 요구안대로 멋진 다리를 설계했다. 경쟁사와 경쟁하여 다리 건설 프로젝트를 수주하고 초기 설계안대로 필요한 다리 재료를 구매했다. 종이로 구성하여 만들어야 하는 다리이기에 설계안대로 제대로 꾸며지지 않아 고전했다.

우리는 고객사가 좋아할 만한 멋진 다리를 만들기 위해 다리의 형체를 만들어놓고 그 위에 색상 볼펜으로 그림도 그려 넣었다. 일련의 과정을 통해 몇 시간 만에 드디어 다리가 완성되었다. 기둥을 세우고 보를 올리고 아치도 만들었다. 비용을 아끼기 위해 기둥은 보를 받칠 최소의 숫자로 설계했다. 대신에 여러 화려한 문양이 다리를 그럴싸하게 보이게 했다. 다른 팀들도 크게 다르지는 않았다. 프로젝트 수주를 위해 비용을 최소화해야 했기에 다리를 멋지게 보이기 위한 디자인에 집중했다.

교육 동기들을 만나고 처음으로 해낸 과제에 다들 뿌듯해했다. 과제가 완료된 후 각자의 소감을 말하는데 모두 이구동성으로 우리가 해냈다며 기뻐했다. 역시 우리는 국적은 각기 다르지만 같은 회사라는 하나의 문화로 통한다고 서로 격려했다.

소감이 끝나자 강사가 자리 밑에서 뭔가를 주섬주섬 꺼내 올렸다. 500ml짜리 생수통들이었다. 강의실 뒤편에 언제든 마시라고 다과와 커피, 음료가 이미 준비되어 있는데 난데없이 물통을 왜 꺼내나 싶어 다들 의아해했다. 대략 10개 정도의 물통을 책상 위에 올려놓은 강사가 말했다.

"여러분, 과제를 훌륭히 수행해내어 뿌듯합니다. 정해진 시간 내에 아주 잘해냈어요. 근데 다리의 목적은 무엇이지요? 안정되게 튼튼해야 합니다. 만일 시간과 비용에 쫓겨 다리를 부실하게 건설한다면 다리를 이용하는 수많은 사람의 목숨이 담보가 되어야 합니다. 여러분에게 주어진 다리 만들기의 가장 중요한 목표는 바로 '안전'입니다."

다들 '아뿔싸' 탄식이 터졌다. 강사가 가지고 있던 무언의 목표는 우리의 그것과 완전히 달랐다. 강사는 10개의 생수통을 모두 버티는 팀이 최종 승리라고 말했다. 강사가 각자 팀이 만든 다리 위에 생수통을 하나씩 올렸다. 아무도 10개의 생수통을 버티는 팀은 없었다. 우리 팀의 다리는 생수통 7개째에 무너지고 말았다.

그날의 과제를 통하여 우리는 소중한 2가지를 깨달았다. 첫 번째는 '내가 지금 하고 있는 일의 본연의 목적이 무엇인가. 본질을 벗어나 있지 않은가?'이다. 두 번째는 방향 설정이다. 목표가 정확하지 않으면 결과물도 엉뚱해진다. 나 스스로의 목표에 대해 회사에서는 팀과 고객사의 목표에 대해 충분한 소통을 통해 제대로 된 목표 설정이 도출되어야 그에 맞는 결과물이 도출된다는 것이다.

안전이라는 다리의 본질과 목표를 명확히 파악했다면 우리는 쓸데없이 다리에 그림을 그려 넣지 않았을 것이다. 어떤 아치가 더 아름다울지에 대한 고민을 하며 팀원들과 의견을 조율하는 데 애쓸 필요도 없었다. 그 대신 무한정으로 주어진 테이프를 활용하여 다리를 최대한 견고하게 만드는 데 집중할 수 있었을 것이다. 하지만 우리는 테이프의 기능과 무한 자원이라는 사실을 간과하고 말았다.

그날 저녁 팀원들과 저녁을 함께 먹으며 그날의 과제에 대해 이야기하며 더욱 재미난 사실을 발견했다. 그 사실을 알고 모두 의자에서 뒤로 자빠질 만큼 크게 웃었다. 그것은 바로 우리 팀원 중 관리부서에 근무하는 미국인 여자 동료를 제외하고는 모두 기계공학을 전공한 엔지니어들이었다는 것이다. 공대 출신인 우리의 능력을 다리의 견고한 설계에 집중할 수 있었는데도 전혀 재능도 없는 엉뚱한 미적 감각만 추구한 것이 못내 아쉬웠다

헬스클럽에 가보면 헬스 트레이너의 1대1 프로그램(PT과정)이 유행이다. 가격도 1회에 10만 원 수준이 보통이다. 나 스스로 목표를 정하고 실천하기 어렵기 때문에 돈이라는 가치와 교환한다. 그 덕에 예전에는 드물던 PT가 모든 헬스클럽에서 꽤 인기다.

약 1년 전 한참 배우던 수영을 그만두고 회사와 집만 반복하다 보니 체중이 꽤 불어났다. 여름이 지나면서는 나 스스로도 몸이 둔하다는 느낌을 많이 받았다. 도저히 안 되겠다 싶어 집 근처 헬스클럽을 등록했다. 기간을 길게 등록할수록 비용이 그만큼 할인되었으나 너무 길게 등록하고 꾸준히 다닐 수 있을지 자신이 없었다. 우선 3개월을 등록했다. 그리고 나 스스로 3개월간 5kg만 빼자고 마음먹었다. 3개월간 5kg 감량. 내 스스로의 목표가 정해진 것이다. 전략은 단순했다. 저녁 식사량과 술을 줄이고 운동을 꾸준히 나간다.

운동을 등록하며 그곳 관장님께도 나의 목표를 말씀드렸다. 정말 감사하게도 내가 갈 때마다 오늘 무엇을 먹었는지, 혹시 어제 음주는 안 했는지 체크해주셨다. 참 부지런하신 관장님은 회원들이 많이 오는 저녁 시

간에는 헬스장 입구에서 회원들에게 인사하며 안부를 물었다. 하루라도 빠지면 어제 운동을 빠진 이유를 묻는 바람에 핑계 없이 꾸준히 나가야 만 했다. 그렇게 꾸준히 운동한 덕에 2개월째 실제로 3kg이 빠졌다.

목표는 쉽고 명확하게

마케팅을 공부하다 보면 'SMART'라는 용어가 나온다. 목표를 세우는 5가지 법칙을 영어 앞 단어를 뽑아 정리한 용어다. 각각을 정의하면 다음과 같다.

S : Specific 목표를 구체적이고 명확하게 수립해야 한다.

M : Measurable 측정 가능한 목표여야 한다.

A : Action oriented 행동 지향적인 실천 가능한 목표여야 한다.

R : Realistic 실현 가능한 목표여야 한다.

T : Time restricted 시간이 설정된 목표여야 한다.

목표가 세워졌다면 목표와 관련 없는 것은 제거해나가자. 3개월간 체중 5kg을 감량하겠다면 그것을 방해하는 회식 자리를 줄이고 간식이나 과한 식사량을 줄이면 된다. 카페인을 줄이겠다고 목표를 세운다면 커피를 줄이거나 함량을 제거한 디카페인 커피를 마시면 된다.

주변을 보면 열심히 노력했는데 잘 안된다고 어려움을 호소하는 사람들이 간혹 있다. 어떤 노력을 했느냐 보다 무엇을 위한 노력이었는지를 우선시해야 한다. 목표가 없는 그저 수단을 위한 노력은 결국 시간과 에너지의 낭비일 뿐이다. 명확한 목표를 세우고 방해 요소를 제거하자. 전략은 아주 단순해야 한다. 사공이 많아 배가 산으로 가는 우를 범하지 말자.

"이제부터 단순해질 거야. 알고 보면 좋은 사람이라거나 그럴 수밖에 없는 사정이 있다거나 그런 건 너무 피곤해."

- 『청춘시대 2』 중에서

아주 작은 목표를 하나 세워보자. 가령 일정 기간(일주일 등 단기간)에 금주 또는 금연을 한다든지 또는 이번 한 달 동안 책을 몇 권 읽고 독서 노트에 기록하겠다는 식의 실현 가능한 가벼운 목표를 세우자. 목표를 달성했을 때의 기분을 느끼는 것이 중요하다. 그리고 앞서 안내한 목표 설정법인 SMART의 방식으로 목표를 구체화하고 기록하자. 기록하였으면 이제 시작이다!

S : Specific 어떤 목표인가?

M : Measurable 측정 가능한 목표를 수치화하자.

A : Action oriented 짧은 시간에 달성 가능한 목표를 수립하자.

R : Realistic. 지금의 나에게 실현 가능한 목표를 생각하자.

T : Time restricted. 목표 일정을 정하자.

5

나에게 깨달음을 주는
멘토를 만나라

유년기와 사회 초년 시절 나를 이끌어 주는 멘토

"선생님? 혹시 선생님 번호가 맞으면 연락 한 번 주세요."

회사에서 귀가하여 저녁이면 어머니와 막걸리를 함께 마시며 두런두런 대화를 나누는 시간을 즐긴다. 어머니는 술을 잘 드시지는 못하지만 예전부터 성묘 갈 때 조상께 올리는 막걸리를 보고 있노라면 너무나 맛있어 보여서 한잔 꼭 마시고 싶은 마음이 간절하셨단다. 언젠가 성묘가 끝나고 친척분이 막걸리에 사이다를 섞어서 주셔서 한 모금 마셨는데 그

맛이 너무나 달콤했다고 회상하신다. 어머니 때문인지 나도 막걸리를 즐긴다. 맥주를 좋아하는 막내 누나와 함께 저녁을 먹을 때면 식탁 위에는 막걸리와 맥주가 함께 올라와 있다. 대단한 주당도 아닌 것이 찾는 주종이 다르다.

그날도 어머니와 함께 막걸리 한잔에 식사를 하며 이런저런 옛 이야기를 나누다가 선생님 얘기가 나왔다. 벌써 27년 전인 중학교 3학년 때다. 세월을 계산하며 새삼 나도 놀란다. 우리 집은 5층 상가 건물에 4-5층을 사용하고 있었고 3층에는 수학 보습 학원이 있었다. 나를 가르치던 선생님은 학원 원장 선생님이었는데 중3부터는 외부에서 선생님을 채용하셨다.

30대 중반의 남자 선생님이었는데 내가 고등학교를 진학하면서 함께 다니던 친구와 나만 별도로 빼서 수학 과외를 해주셨다. 머리가 덥수룩한 스타일의 이종덕 수학 선생님은 매우 개방적이었다. 수업 시간 중 절반은 인생과 진로에 대한 얘기로 채우며 나의 시야를 넓혀주셨다. 때로는 내가 진도를 잘 못 따라온다며 장난 반 진심 반으로 몽둥이를 들기도 하셨다. 순진했던 나는 선생님 사용하시라며 어디서 당구 큐대를 구해와 내 방에 준비해놓기까지 했었다. 수학을 가르치고 시간이 남을 때는 집 근처 볼링장에서 함께 여가를 즐기기도 했다. 학기 시험이 끝난 어느 날은 부모님께 말씀드리고 나와 친구를 집 근처 치킨 집에 데려가 맥주를 한잔 주신 적도 있다. 선생님은 우리를 데리고 나가면서 부모님께 맥주 한잔씩 하고 들여보내겠노라고 말씀하셨단다. 어머니는 황당해하셨고 아버지는 눈을 찡긋하시며 고개를 끄덕이셨다고, 나중에 대학생이 되어 선생님과 술 한 잔할 때, 선생님께서 그 말씀을 꺼내시며 한참 웃으셨다.

대인배에 넓은 시야를 가졌던 선생님이 가장 안타까워했던 시기는 나와 친구가 수능시험을 보고 대학 지원을 할 때였다. 둘 다 평소 실력보다 점수가 안 나온 것에 안타까워하며 합격한 대학은 등록하되 휴학계를 내고 시험을 다시 보라고 몇 번 설득하셨다. 친구는 과감하게 자퇴를 하고 이듬해 원하는 대학에 합격했다. 하지만 전공을 고민하며 선생님과 마찰을 일으키고 연락을 끊었다. 그 일로 선생님은 나와 둘이 만날 때 제자였던 그 친구에게 아쉬움을 많이 표현하셨다. 나는 합격한 대학에서 4학년까지 학업을 마쳤다. 졸업반이 되어 취직을 고민할 때 선생님은 나에게 직종을 제안하셨다. 나의 성격상 그 직종이 맞을 것이라고 조언하셨다. 비록 대학은 선생님의 뜻대로 못 했지만 대학을 졸업한 지 16년이 지난 지금 나는 선생님이 조언하신 직종에서 16년째 그 능력을 인정받으며 근무 중이다.

한동안 선생님과 연락이 두절됐다. 한참 몸이 안 좋으시다는 얘기를 듣고 몇 차례 병문안도 갔는데 그 이후로 소식이 끊겼다. 어머니와 식사 중에 문득 생각이 나서 휴대폰 기록을 더듬어 전화했는데 연결이 안 되어 음성 메시지만 남겨 놓았다.

며칠 뒤 저녁에 모르는 번호로 전화가 왔다. 누군가 싶어 전화를 받으니 상대방이 갑자기 내 이름을 불렀다. 선생님이셨다. 전화번호는 바뀌었는데 자동 안내를 통해 내 메시지를 받으셨다고 했다. 건강은 완쾌되고 지금은 강원도 오색 약수터 부근 한옥을 사서 서울과 강원도를 오가며 지내신다고 했다.

"어머니 모시고 놀러 와. 여기 참 좋아. 돈도 꽤 벌어놔서 너랑 어머니 밥 살 만큼 여유는 돼. 아무 걱정 말고 몸만 와."

여전한 선생님의 농담 섞인 목소리가 내게는 몽둥이를 들고 나를 혼내시던 그 시절처럼 힘있게 들렸다.

선생님 덕에 무난한 사춘기를 보냈다. 말씀이 적으신 나의 아버지를 대신해 나의 미래를 함께 설계해주셨고 누나만 셋이던 나에게 따끔한 조언도 망설이지 않는 친형이 되어주었다. 나의 가장 중요한 성장기에 편협했던 나의 시야를 키워주셨고 진로를 함께 고민하고 길을 제시해주셨다. 내가 학창 시절 만난 가장 소중한 멘토이다.

약 8년 전 정년퇴임하신 사장님을 기억하면 여전히 정신이 바짝 들고 긴장이 된다. 입사 면접 때 봤던 온화했던 인상은 업무 시간에는 찾아볼 수 없을 정도로 프로 정신이 매우 강한 분이셨다. 회의 시간이면 엄청난 기억력과 빠른 판단력을 바탕으로 자칫 직원들이 잘못된 보고를 할 때면 장시간 핀잔을 들어야 했다. 처음 입사하고 사장님과 함께 회의한다는 것 자체도 부담이었지만 실무자인 내가 직접 사장님께 대면 보고를 해야 한다는 것이 너무나 긴장됐다.

나는 결국 입사하고 회의 때마다 사장님께 엄청나게 꾸지람을 받았다. 수치를 기억하지 못한다며, 시장 환경을 제대로 예측하지 못하고 전략을 제대로 준비하지 않았다는 등의 이유도 여러 가지였다. 언제부터인가 오기가 생겼다. 월요일 아침 회의를 위해 필요하다면 주말에 혼자 출근도 하면서 회의 준비를 했다. 내가 보고해야 할 수치들을 달달 외웠다. 예상 질문지도 뽑아서 그에 맞는 답변들도 준비했다. 보고의 방식과 사용해야 할 단어들도 미리 생각했다. 이런 연습이 여러 번 되다 보니 일하는 감각이 생겼다. 사장님이 호출하면 그 시점에 나를 찾는 이유가 무엇인지 혼자 예상하여 필요한 답안지를 준비해갔다. 신기하게도 호출한 이유가 내가 예상한 것과 어느 정도 맞아떨어졌다. 내가 외운 수치들 덕분에 적시에 거침없는 답변으로 대응했다. 언제까지고 무섭게만 여겼던 사장님이 어느 순간 나에게 온화한 미소를 건네셨다. 나에게 예리하다며 칭찬해주실 때면 너무나 뿌듯했다.

일개 사원이 사회에서 쉽게 얻기 어려운 기업 사장님과의 업무 경험을 통해 경영자 마인드로 들여다볼 수 있는 시야를 갖게 되었다. 일의 중요도에 따른 우선순위를 판단하여 업무를 처리하는 효율성을 따졌다. 판단을 내릴 때 다양한 관점에서 볼 수 있는 능력 또한 사장님을 통해 배웠다.

인생의 시련기에 나를 이끌어준 멘토

성인이 되어 가장 힘든 시기를 보낸 것이 2018년이었다. 집사람과의 이혼으로 인해 살아오면서 가장 큰 좌절과 실패를 경험한 나의 자존감은 거의 밑바닥까지 떨어져 있었다. 다시 살아야겠다고 마음먹고 처음 만난 분이 '한국부동산경매협회' 김서진 대표님이었다. 부동산 경매를 통해 직장에서의 월급과 더불어 새로운 부의 파이프라인을 구축하자는 게 나의 목표였다. 그것을 통해 집사람으로 인해 거의 대부분 잃어버린 재산을 다시 쌓자고 마음먹었었다. 김서진 대표님은 경매 기술과 더불어 내 마음가짐과 태도를 바꿔놓았다. 돈보다는 나 자신의 가치를 좇으라는 대표 님의 말씀은 내가 행동하고 판단하는 데 중요한 잣대가 되고 있다.

경매를 통해 아파트 2채를 낙찰 받고 사후 처리를 하는 동안 우연히 '한책협'을 알게 되었다. 지인의 소개를 통해 참석한 일일 특강에서 한책 협 김태광 대표는 성공하고 싶으면 성공한 자에게 배우라고 했다. 확신 에 가득찬 김태광 대표의 강연에 나는 바로 책 쓰기 과정을 신청했다. 의 식 확장을 통해 초인적인 삶을 살고 있는 한책협 대표를 통해 성공자의 마인드를 배울 수 있었다.

돌아보면 나는 참 운이 좋다. 인생을 살면서 한 명의 멘토를 만나도 성 공했다고 할 수 있는데 살아가는 과정에서 나를 옳은 길로 인도해주는 훌륭한 멘토를 적시에 만났기 때문이다. 그 덕분에 나는 자칫 삐뚤어질 수 있는 사춘기 성장 과정을 올바르게 지날 수 있었다. 회사 생활에서 지 금의 내가 있을 수 있었던 것은 나에게 많은 가르침을 주셨던 사장님이 계셨기 때문이다. 더욱이 나를 포기하려 했던 고난의 2018년 나의 자아 가 백지가 되었을 때 완전히 새로운 모습으로 재탄생할 수 있게 도와준 한경협의 김서진 대표와 한책협의 김태광 대표께 감사하다.

제대로 된 멘토를 만나자. 그들을 통하여 나 자신을 일깨우고 변화시킬 수 있다. 나의 잠재능력을 제대로 끄집어내어 이전과는 다른 삶을 꿈꿀 수 있다.

"과거와 현재를 비교했을 때 그대로 머물러 있거나 오히려 퇴보했다면 그의 미래 역시 그럴 가능성이 높다. 미래는 현재와 이어져 있기 때문이다."

- 『내가 100억 부자가 된 7가지 비밀』 중에서

6

돈으로 환산할 수 없는
가치 있는 일을 하라

돈의 가치는 어디까지인가

이제는 어느덧 사회 문화가 되어버려 더는 유행어가 아닌 신조어가 있다. 바로 딩크족이다. 'Double Income No Kids'의 영어 앞 글자를 따서 만든 딩크(DINK)족은 결혼하였지만 아이는 갖지 않는 맞벌이 부부를 일컫는 말이다.

아이 한 명을 낳아서 대학 교육까지 마치는 데 대략 4억이 들어간다는 뉴스 통계가 있다. 이에 지레 겁먹고 아이 낳는 것 자체를 포기한 세대다. 취업과 결혼도 포기하는 젊은 세대에 이제는 아이까지 포기하는 안타까운 현실이다.

　정부에서는 출산율이 낮다며 난리다. 출산 장려를 위해 많은 정책들이 쏟아져 나온다. 가만 들여다보면 모두 돈이다. 둘째를 낳으면 얼마를 주고 또다시 셋째를 출산하면 추가로 얼마를 주겠단다. 돈 벌려면 어느 지역으로 이사 가서 아이를 낳아야 한다고 우스갯소리도 한다.

　돈으로 따지자면 우리 부모 세대는 어떠한가. 더 나아가 훨씬 이전의 조상들은 자손들 이름 짓기도 버거울 만큼 대가족 시대였다. 물론 당시 피임 등 의학적 문제도 무시 못 하지만 그럼에도 불구하고 자식들을 많이 낳은 것은 농경 사회의 사람에 대한 가치 때문이었을 것이다. 사교육 등 지금의 양육비용이 훨씬 많이 들어간다고 해도 과거의 사회상을 봤을 때는 하루 세 끼 무사히 먹는 것 자체가 쉽지 않았을 것이다. 그럼에도 아이를 돈이 많이 들어간다는 이유로 적게 낳지는 않았다. 내 아버지도 8형제이다.

　아이를 돈으로 환산하는 사회가 자본주의 사회에서 어찌 보면 당연한 것일 수 있다. 하지만 아이 한 명 한 명을 돈으로 계산하는 지금의 뉴스가 안타깝고 그 뉴스를 보며 아이 자체를 낳지 않는 세대가 아쉽다. 나의 아이는 돈뿐 아니라 그 무엇과도 바꿀 수 없는 내 생에 가장 가치 있는 존재다. 누군가 말했다. "내 생에 가장 잘한 일은 아이를 낳고 키운 일이다." 존재하는 모든 것을 돈으로 환산하여 판단하는 오류를 범하고 있지 않은가 생각해볼 일이다.

나는 엄청난 구두쇠였다. 돈 쓰는 것 자체를 끔찍이 싫어했다. 수중에 돈이 있으면 무조건 저축했다. 그것이 정답이라고 생각했다. 그런 나를 어떻게든 돈을 쓰게 하려고 친구들이 작전을 쓰기도 했다. 통장에 돈이 한 푼씩 쌓여가는 그 자체가 나는 좋았다. 다르게 말한다면 나는 저축할 줄은 알지만 가치 있게 사용할 줄은 몰랐던 것 같다. 나에게도 돈 쓰는 것을 싫어했으니 말이다.

그러던 내가 아이들을 낳고 시야가 조금 넓어지는 것을 느꼈다. 그전에는 나만 생각하는 개인주의였다면 아이들이 생긴 이후에는 타인을 공감하기 시작했다. 아이들과 관련한 뉴스에 가슴 아파하거나 흥분하기도 했다. 가정 형편이 어려워 힘들게 사는 사람들을 보며 혼자 눈물을 훔치기도 했다. 친구들과 장난치며 걸어가는 또래 아이들을 보며 혼자 웃음 짓기도 했다.

한 번은 회사 이사님과 얘기를 나누던 중 자리 위에 놓여 있는 사진을 발견했다. 무엇인가 들여다봤더니 해외 후원 아동의 사진이었다. 이사님은 국내와 해외 아동에게 매달 일정 금액의 후원을 하고 있었다. 나만 생각하던 내가 부끄러워지는 순간이었다.

그날로 정보를 검색해서 괜찮아 보이는 비영리 단체를 통해 인도에 사는 아이 한 명을 후원하기로 했다. 내 아이들이 좋아하는 장난감을 사줄 수도 있는 돈이었다. 식구들과 점심 식사를 맛나게 할 수 있는 돈이기도 했다. 나와 식구들이 잠깐 참으면 이 아이는 좀 더 나은 양식의 식사와 교육을 받을 수 있다는 생각에 큰 고민 없이 후원을 시작했다. 몇 주 뒤 '후원자님 감사합니다.'라는 내용의 손 글씨 편지를 받았다. 그 아이의 사진도 함께였다. 마치 내 아이가 한 명 더 생긴 듯한 기분이었다. 우리 가족이 한 명 더 생겼다며 아이들에게도 사진을 보여주었다. 아이들도 새로 생긴 가족에게 편지를 쓰고 싶다고 즐거워했다.

2018년 집안에 일이 터지고 집사람이 저지른 부채를 갚느라 집까지 처분하면서 매달 나가는 고정 지출을 다시 한 번 정리했다. 아이들 교육비, 필수 생활비 등을 빼고는 모든 지출 비용을 최소화했다. 빨리 재기하려면 지출을 줄이고 저축액을 늘려야 했다. 부동산 투자를 하더라도 어느 정도 돈이 모여야 했다. 필수 지출을 빼고 내 월급의 거의 70% 이상을 저축하기 시작했다. 신혼 때도 이 정도 저축은 못했다. 스스로 허리띠를 숨만 겨우 쉴 정도로만 바짝 쪼였다.

고정 지출을 정리하는 중에 후원 아동이 눈에 들어왔다. 후원을 중단할까 잠시 고민했다. 이 비용도 아껴서 저축액을 늘려야 하나 생각이 많아졌다. 결국 다른 것은 대부분 중단하고 저축으로 전환했지만 후원만큼은 유지하기로 했다. 그것은 돈 그 이상의 가치를 지니고 있다고 판단했기 때문이다.

지난 여름 아이들이 그림까지 그려가며 손 편지를 써서 후원 아동에게 보냈다. 약 2개월이 지나 답장이 왔다. 보내준 편지에 대한 감사한 마음을 담은 편지였다. 답장보다 놀랐던 건 그 아이의 사진이었다. 처음 후원을 시작했을 때의 모습은 온데간데없고 어느덧 중학생으로 자란 꽤 의젓한 모습이었다. 만일 내가 당시 후원을 중단했다면 어땠을까. 다행히 어리석은 결정을 내리지 않은 나에게 감사했다.

돈과 바꿀 수 없는 가치는 무엇인가

"여러분은 빚까지 얻어 큰돈을 지불하면서까지 집이나 자동차를 구입합니다. 근데 왜 정작 본인에 대한 투자는 단돈 만 원도 아까워하죠? 여러분은 돈을 좇습니까 아니면 꿈을 좇습니까?"

책 쓰기 과정을 등록하면서 진행되었던 특강에서 강사님이 하신 말씀이다. 얼마 전 『퇴근 후 1시간 독서법』의 저자인 정 소장을 만났을 때 대뜸 나에게 물었다.

"선생님은 혹시 책을 주로 구입해서 읽으시나요, 아니면 도서관에서 대여해서 읽으시나요?"

나 스스로 너무나 부끄러웠다. 나는 돈을 좇았다. 조금이라도 아끼겠다고 중고 거래를 일삼았다. 인터넷으로 최저가를 찾기 위해 수많은 사이트를 찾아다녔다. 나의 가치 있는 시간은 최저가를 찾기 위해 버려졌다. 택배비 2,500원을 아끼겠다고 집에서 멀리 위치해 있는 매장까지 차를 운전해서 찾아간 적도 있었다. 얼마나 어리석었던가.

도서관에 잔뜩 쌓여 있는 책들을 무료로 빌릴 수 있는데 뭐 하러 책을 사야 하나 생각했다. 심지어 집 근처에 구립 도서관이 있고 한 번에 7권 이상 빌릴 수 있었다. 언젠가는 내가 찾는 신간 도서가 도서관에 없어서 근처 서점에 연락했더니 준비되어 있다고 했다. 그 길로 서점에 가서 찾던 책을 받아서 그 자리에서 책을 읽고 필요한 부분을 사진 찍기도 했다.

직원이 나를 보고 사진은 삼가달라고 하는 바람에 부끄러움과 죄송함도 있었지만 책값을 아꼈다고 내심 뿌듯해했다. 나는 무슨 목적으로 돈을 아끼고 저축을 하고 있는 것인가에 대한 본질적인 질문을 특강에서 강사님이 하신 말씀과 정 소장의 질문을 통해 비로소 생각하게 되었다. 돈은 나와 가족의 꿈이라는 소중한 가치를 위해 저축되고 사용되어야 했다. 돈 그 자체를 좇을 것이 아니라 나의 꿈, 내 본연의 가치를 좇아야 했다.

피트 자프라는 성공과 돈의 관계에 대해 이렇게 말했다.

"성공이란 단순히 돈에 관련된 것이 아니다. 성공이란 자신이 꿈꾸는 삶을 영위할 수 있는 능력과 힘을 축적하는 것이다."

얼마 전 읽었던 책의 사례가 많은 생각을 하게 한다.

"고층 건물에 나무로 된 다리가 아슬아슬하게 연결되어 있다. 만일 당신에게 100만 원을 준다면 건너겠는가? 1,000만 원 또는 1억을 준다면 건너겠는가? 아무리 큰돈이라도 내 목숨이라는 가치가 담보되어 있다면 섣불리 결정할 수 없을 것이다. 근데 만일 건너편 건물에 3살짜리 아이가 나를 보고 웃으며 다리 위를 기어오려고 한다면? 돈에 대한 보상은 더 이상 고려 대상이 아니다. 누군가 나를 가지 못하게 말린다고 해도 뿌리치고 아이를 향해 달려갈 것이다."

7

영원히 살 것처럼 꿈꾸고
오늘 죽을 것처럼 살아라

관점을 달리하다

얼마 전 친구 가족과 함께 오랜만에 1박2일로 여행을 다녀왔다. 워낙 친한 친구라 종종 함께 다녔는데 지난해 내 가정 문제로 인해 한동안 뜸했다. 나도 당분간 여행을 다닐 처지도 아니었다. 친한 친구와의 여행은 언제나 즐겁다. 숙소에서 저녁을 함께하면서 문득 바로 전에 함께 다녀왔던 게 언제였는지 그리고 어디로 다녀왔는지 서로 한참 멀뚱히 바라보면서도 기억해내지 못했다. 그 당시에는 아이들도 며칠 설레다가 다녀온 여행이었다. 의미가 깊어 보였던 당시의 시간들도 과거로 사라져버리고

만 것이다. 하루하루 소중한 일상 속에서 시간이 지나 돌아보면 기억이 어렴풋해 그때가 9월이었는지 10월이었는지 또는 2018년이었는지 2017년이었는지 더듬어갈 때가 있다. 한 달 1년이라는 시간이 기억 속에서 하나의 단편으로 덩어리째 희미해진다.

이 책을 쓰고 있는 지금 2019년 12월 31일이다. 나는 2019년에 감사하다. 절망과 시련 그리고 좌절의 2018년을 보냈다. 끝을 헤아릴 수 없는 2018의 긴 터널이었다. 당시에는 절망이 끝날 것 같지 않았다. 하루하루 날이 밝아 눈을 뜨는 것 자체가 괴로운 시절이었다. 꿈이란 단어는 나에게는 사치였다. '살아간다'는 표현보다는 '살아낸다'는 표현이 더욱 어울릴 듯한 시기였다.

집사람의 행태가 발각된 이후 한 가정이 무너졌다. 그리고 10년을 훌쩍 넘기며 다니는 회사에 사표도 제출했다. 상무님께 나의 전부를 차마 말씀드리지 못했으나 어느 정도의 집안 상황을 말씀드렸다. 그리고 내가 이런 모습으로 회사를 계속 다니는 것은 회사에 누를 끼치는 것 같았다. 그때 상무님이 나에게 해주신 깊은 배려에 지금도 너무나 감사한 마음이다.

나 스스로 관점을 바꾸기 시작한 건 2018년이 끝나가는 12월이었다. 지금부터 정확히 1년 전이다. 2018년을 돌아봤다. 자의든 타의든 나는 스스로 바닥이었다. 더 잃어버릴 것이 없어 보였다. 가정도 회사도 내려놓고 나의 20대 후반부터 40대 초반까지 나의 전부를 흘려보냈다. 나의 자아(自我)도 완전히 무너졌다. 다시는 생각하기도 싫은 그해 2018을 돌아보다가 문득 그것을 다른 시각으로 생각해보았다.

'끝, 무너짐, 죽음'이라는 단어는 다른 관점으로 보면 시작이었다. 새로운 시작의 다른 표현이었다. 모든 것을 잃었다고 생각했다. 다시 생각해보니 그것은 잃은 것이 아니라 '지움'이었다. 덕분에 새하얀 도화지가 새로 생긴 것이다. 무엇이든 새로 그려 넣을 수 있는 아무것도 없는 깨끗한 도화지였다.

미국의 브렌드 버처드는 『백만장자 메신저』로 유명한 세계적인 메신저이자 사업가이다. 그도 별 볼 일 없는 20대에 아르바이트를 위해 떠난 쿠바에서 목숨을 잃을 뻔한 대형 교통사고를 당하고 의식을 달리했다. 그러나 본인의 죽을 뻔한 경험을 통해 얻은 깨달음으로 저명한 메신저가 되지 않았는가.

나 역시 자아(自我)가 사망한 2018년 속에서 모든 것을 잃은 것이 아니라 그동안 어리석으면서 평범하게 살아온 세월에서 삶의 의미를 깨우치기 시작한 것이다. 그것은 끝이 아니라 깨달음의 시작점이었다. '살아낸다'가 아니라 하루하루를 '내 것으로 이뤄내자'고 결심하게 된 시점이었다.

고통스런 2018년을 되짚어 보았다. 그리고 2018년 이전도 함께 돌아보았다. '무엇을 잊고 살았던가. 2019년을 새롭게 계획하고 그려 넣자.' 일반인들과 똑같은 평범함 대신 나만의 삶을 만들어보자고 결심했다.

내일은 없다

책상 앞에 붙어 있는 화이트보드를 물티슈로 지워버리고 그곳에 나의 목표를 적어나갔다. 어떤 것들은 소소하고 어떤 것들은 무거운 목표들을 적어나가면서 '될 수 있을까?'라는 의심보다는 '할 수 있다'는 확신이 강했다. 특히 부동산 투자에 대한 의지는 대단했다. 내가 살던 집이 한 순간에 증발해버렸다. 나는 반드시 증발해버린 나의 집을 되찾고 싶었다. 아니, 그보다 몇 배는 더 크고 가치 있는 집으로 돌려받고 싶었다.

평소 자가용으로 출퇴근하던 방식에서 대중교통으로 수단을 바꿨다. 장단점이 있다. 운전을 하면 사색하기가 좋다. 근데 사색보단 실천이 간절했다. 출퇴근 왕복 2시간의 지하철 통근 시간에 필요한 책을 구해 읽었다. 온라인을 통한 부동산 자격증 과정도 등록하여 출퇴근 시간을 이용하여 강좌를 들었다. 부족한 것은 저녁에 집에 돌아와 식사 후 공부량을 보충했다. 회사 점심시간에는 가급적 간단히 도시락을 때우고 필요한 공부나 독서를 했다.

예전 같으면 인터넷 뉴스 등을 검색하면서 보냈을 시간이다. 집에 돌아와 맥주 한잔하고 TV를 시청하며 버렸을 시간이었다. 2019년 2월 한국 자격 검정원에서 발급하는 부동산 자격증을 발급받았다. 이것이 곧바로 내 부동산 투자로 이어질 수는 없을지언정 내가 목표하고 뭔가를 해냈다는 기쁨과 뿌듯함이 들었다. 항상 기죽어 있는 모습이 아닌 꿈을 향해 공부하는 당당한 모습을 아이들에게 보여준다는 것도 가슴 떨리는 일이었다.

그해 6월에는 실제 부동산 투자를 위해 분당에 있는 교육 과정도 이수했다. 매주 토요일 수업을 듣고 차기 수업 전까지 해야 하는 과제들은 당일 또는 다음 날까지 잠을 줄여가며 수행했다. 내 꿈을 위한 공부였다. 꿈을 세우고 실천해가는 것이 내가 살아가는 삶의 이유라고 생각했다.

내 삶이 되고 나니 피곤한 것도 없었다. 추천받은 도서를 몇 시간 만에 완독하고 책 후기도 빠르게 써나갔다. 몰입이란 단어가 어울리는 기간이었다. 내가 목표한 투자 지역에 대해 정보 조사를 다니고 부동산 중개사님들과 만나 브리핑을 듣고 투자 여부를 판단해 갔다. 교육원 대표님이 멘토가 되어 많은 조언과 도움을 주신 것은 물론이다.

9월 총 2개의 아파트를 매입하고 그해 12월 모든 계약과 잔금 처리를 완료하기까지 직장인과 부동산 투자자로서 2개의 일을 함께 해나갔다. 한시도 게을러질 수 없는 시간이었다. 잠시라도 시간을 죽이고 있는 것 같으면 스스로 죄책감을 느꼈다.

부동산 투자를 진행 중에 11월에는 책 쓰기 과정까지 신청했다. 회사, 부동산에 책 쓰기까지라니 내가 감당할 수 있을까 내심 염려도 됐다. 근데 내 꿈에 몰입해 있는 이 순간이 아니면 다시는 시작할 수 없을 것만 같았다. 며칠을 고민한 끝에 과정을 등록했다.

수업은 매주 월요일 저녁 8시에 시작하여 10시 반이 넘어서 끝났다. 월요일은 특히 회사에서 회의가 많기로 유명한 요일이다. 한 주가 시작하는 요일이라 매주 아침 팀이 모여 주간 미팅을 하고 오후에는 프로젝트 미팅을 하고 필요에 따라서는 내 팀원과도 미팅을 진행한다. 여러 회의를 하다 보면 하루가 금방이다.

하지만 그런 이유로 저녁에 있는 수업에 늦거나 빠질 수는 없었다. 마포에서 분당까지 아무리 빨리 가도 퇴근 시간에 걸려 1시간 30분 이상은 족히 걸렸다. 매번 휴대폰 길 안내 앱을 켜고 늦지 않으려고 골목골목을 헤매며 최단 시간으로 안내받으며 달려갔다.

매주 주어지는 과제는 부동산 교육 과정과 견주어도 절대 적은 양이 아니었다. 매주 주어지는 필독 도서 여러 권과 더불어 책 쓰기 역량을 갖추기 위한 과제가 산더미였다. 매일 회사 가방과 별도로 쇼핑백에 여러 책을 항상 넣고 다녔다.

동기들을 봐도 밤을 잊은 것만 같았다. 나와 마찬가지로 매일 새벽 2~3시까지 책 쓰기 준비를 하는 것은 일반적이었다. 나 역시 마찬가지였다. 잠시 눈을 붙이고 출근하는 경우가 많았다.

그럼에도 몸이 그렇게 피곤하지 않았다. 내가 진심으로 하고 싶은 나의 꿈이었기 때문이다. 내 꿈을 위해 달려가는 과정이라 피곤하기보단 오히려 매일이 설레고 신났다. 끝에서 생각하라고 '한책협' 김태광 대표가 말했다. 처음에는 그게 무슨 소리인가 싶었다. '끝이라니 무슨 말이지.' 그러나 얼마 지나지 않아 이해했다. 내가 꿈을 이룬 그 시점, 그 도착지에 서 있는 관점에서 생각하라는 뜻이었다. 그보다 더한 설렘은 없었다.

누군가에게는 여느 해와 같은 평범한 2019년을 나는 누구보다 뜨겁게 보냈다. 그런 경험이 있기에 나는 앞으로도 지금의 뜨거움을 이어나갈 것이다. 나에겐 매일매일이 꿈을 이뤄가는 오늘이기 때문이다. 첫째 아들은 감수성이 많은 편으로 시를 좋아한다. 작은 누나가 첫째 아이를 위해 사온 윤동주의 『하늘과 바람과 별과 시』 시집에서 「내일은 없다」라는 제목의 너무나 공감되는 시가 있어 함께 공유하고자 한다.

내일 내일 하기에/ 물었더니/ 밤을 자고 동틀 때/ 내일이라고.
새날을 찾던 나는/ 잠을 자고 돌보니/ 그때는 내일이 아니라/ 오늘이더라.
무리여!/ 내일은 없나니.

◁ 내 인생의 주인이 된다는 것 ▷

　'멘토(Mentor)'라는 단어는 『오디세이』에 나오는 오디세우스의 충실한 조언자의 이름에서 유래한다. 오디세우스가 트로이 전쟁에 출정하면서 그의 아들을 친구인 멘토에게 맡겼고 무려 10여 년 동안 멘토는 친구이자 선생, 상담자 그리고 아버지의 역할을 충실히 하며 오디세우스의 아들을 보살펴주었다. 여러분에게 멘토는 누구인가? 더불어 여러분을 믿고 멘토로 삼고 있는 사람들(멘티, Mentee)은 누구인가?

5 장

가장 나답고
내가 좋아하는
나로 성장한다

인생이란 내가
만들어 가는 길이다

주어진 선택을 요구하는 사회

문제 1) 다음 4개의 보기 중 지문의 의미를 가장 잘 설명한 것을 선택하시오.

문제 2) 주어진 지문에 대한 본인의 생각을 100자 내외로 서술하시오.

위 두 문제 중 어떤 문제 유형을 선호하는가? 아마도 많은 사람들이 '문제 1'을 선호할 것이다. 이미 4개의 보기 중에 정답이 제시되어 있다. 내 생각에 따라 오답을 고를 수도 있다. 그래도 혹시 모르지 않은가, 운 좋게 정답을 선택할 수 있을지도. 4개중 1개는 정답이니 문제를 이해하지 못하더라도 정답을 맞힐 확률은 무려 25%이다.

　반면에 '문제2'는 어떠한가? 고를 수 있는 정답이 없다. 지문의 의미를 해석해내야 한다. 그러려면 지문 내용에 대한 배경 지식도 갖추고 있어야 한다. 지식과 함께 나만의 가치관을 녹여내야만 내 생각을 올곧게 표현해낼 수 있다. 나만의 생각으로 100자를 채우기란 결코 쉽지 않다.

　초등학교 5학년인 첫째 아이의 교과서 내용은 내가 배우던 때와 많이 다르긴 하다. 논술이라는 뭔가 심오한 제목의 과정이 함께 포함되어 있다. 수학을 풀면 풀이 과정을 서술형으로 표현해야 한다. 책을 읽으면 책의 내용과 함께 자신의 생각을 기승전결의 방식으로 함께 풀어내기도 한다. 수업 시간에도 각자의 의견을 나누는 쌍방향 수업의 비율이 높아진 것도 사실인 듯하다.

　반면에 내가 학교를 다니던 1990년대만 해도 문제의 대부분이 객관식이었다. 문제 출제자가 친절하게 오답과 정답 각각의 보기를 만들어주고 그 안에서 선택하면 됐다. 나도 예전에 우연한 기회에 문제를 만들 기회가 있었는데 출제자 입장에서 보기를 만드는 것도 결코 쉬운 일은 아니었다. 객관식 문제가 많은 만큼 주관식은 극히 드물었다. 한 문제지에 많아야 20% 미만이었던 것으로 기억한다. 그것도 대부분이 단답형의 문제였다.

　기본 교육 과정인 초등학교부터 고등학교까지 12년 동안 우리는 객관식에 길들여져 있었다. 즉, 다른 사람의 생각을 통찰하고 그것을 나만의 생각으로 형성해가기보단 주어진 정답을 단순 선택하는 데 익숙해져 있다. 나는 이런 교육 과정이 우리 사회를 매우 천편일률적인 고정적 표준화의 틀 안으로 가둬버린 모습이 된 것이 아닌가 생각한다. 내 개인적 의견보단 남이 정해놓은 정답을 따라가야 했던 교육의 습관화, 정착화가된 것이다. 다행히도 요즘 교과 과정이 내가 배우던 당시와 달라지고 있는 것이 희망적이나 교과 과정의 최종 목적지가 여전히 속칭 일류 대학, 안정적인 직장으로의 취업인 이상 교육 방식의 겉모습만 조금 달라졌을뿐 실체는 예전이나 지금이나 별 차이는 없다는 생각도 든다.

몇 개월 전이다. 경력직으로 2년 전 입사한 유능한 직원이 갑자기 그만둔다는 소식을 들었다. 바로 옆 부서였는데 함께 유기적으로 협업해야하는 팀이라 나와 팀원도 소통이 잦았던 팀원이었다. 새로운 업무에 처음에는 다소 힘들어하는 모습이었지만 시간이 갈수록 빠르게 적응하는 그 직원을 보면서 내심 대견하고 뿌듯한 마음이었다. 그런데 느닷없이 퇴직이라니 그 사유가 궁금했다. 혹시라도 얼마 전 결혼하고 한 가정의 아내로 집안일에 전념하기 위해서인가 하는 염려도 있었다. 구체적인 사유를 밝히지 않는 직원 덕분에 별 생각이 들었다.

퇴사를 앞두고 조촐한 송별회가 마련되었다. 다 같이 모여 1차 식사를 마치고 맥주 집으로 자리를 옮겼다. 몇 명만 남은 자리에서 마침내 퇴직 사유를 알려주었다. 전문 직종을 갖고 싶다는 이유였다. 퇴사하고 공부에 전념하여 공인회계사가 되고 싶다는 것이 그 이유였다. 예전에 내 상사로 계셨던 지금은 퇴직한 당시 이사님이 나한테 종종 하던 말씀이 있었다.

"만일 연봉을 조금 높여서 이직하겠다면 최대한 지금 회사에서 계속 다녀. 돈 때문에 다른 데 옮긴다면 다른 곳에 옮겨도 결코 만족스럽지 않을 거야. 다니다 보면 돈이 전부는 아니거든. 대신에 다른 일을 해보겠다는 이유로 퇴사하겠다면 내가 기꺼이 축하하고 응원해줄게."

지금 생각해봐도 회사 상사가 아닌 인생 선배다운 고마운 분이다. 나는 퇴사하는 그 직원의 팀장도 함께하는 술자리에서 축하와 응원의 메시지를 전했다. 해당 팀장과 다른 팀원들이 나를 보며 의아한 눈길로 쳐다봤다.

익숙한 것으로부터 떠나라

'회사가 곧 내 인생'이라는 공식은 이미 깨져버린 지 오래다. 이 회사에 평생을 다 바쳤는데 어떻게 회사가 나한테 이럴 수 있냐며 하소연하고 때로는 강경한 모습으로 시위와 파업까지 불사하는 사람들도 흔하다.

나는 회사가 내 인생을 책임져주지 않는다고 분명하게 생각한다. 회사의 근로 조건에 대해 나는 동의했고 그에 따라 매년 내 연봉에 사인하여 인사팀에 제출한다. 회사의 브랜드와 회사의 연봉이 내 꿈 그 자체가 아닌 것이다.

회사는 내가 선택할 수 있는 여러 가지 보기 중 한 가지이다. 내 꿈은 결코 남들이 만들어놓은 객관식 보기에 기인한 것이 아닌 오직 나만이 풀 수 있는 주관식인 것이다. 그 안에서 회사는 최종 목적지가 아니라 내 꿈을 이뤄 나가기 위한 수단으로 바라봐야 한다.

정답지를 벗어나 본인의 주관대로 꿈을 찾아 나아가는 직원에게 그런 이유로 축하의 메시지를 전했다. 자리에서 먼저 일어나 귀가하면서 직원의 용기 있는 결단과 꿈을 향해 가는 직원의 모습에 다시 한 번 나를 돌아봤다. 내가 가는 길은 어디인가.

첫째 아들과 나는 성향이 비슷하다. 어찌 보면 그 아빠에 그 아들이 당연한 것이다. 내가 어릴 때부터 한창 시를 좋아했듯 아들도 시를 좋아하고 가끔 혼자 시를 써서 나에게 보여주기도 한다. 그런 아들에게 보여주기 위해 가끔 도서관에서 여러 산문집을 골라 적당한 것을 빌려와 함께 읽기도 한다. 시가 주는 함축적 의미를 참으로 좋아한다.

최근에 읽은 시집 중 내용이 좋아 내가 아끼는 노트에 필사한 시인 고은의 「낯선 곳」을 소개한다.

떠나라/ 낯선 곳으로

아메리카가 아니라/ 인도네시아가 아니라/ 그대 하루하루의 반복으로 부터/ 단 한 번도

용서할 수 없는 습관으로부터/ 그대 떠나라

아기가 만들어낸 말의 새로움으로/ 할머니를 알루빠라고 하는 새로움 으로/ 그리하여/

할머니조차/ 새로움이 되는 곳/ 그 낯선 곳으로

떠나라/ 그대 온갖 추억과 사전을 버리고/ 빈주먹조차 버리고

떠나라/ 떠나는 것이야말로/ 그대의 재생을 뛰어넘어/ 최초의 탄생이 다/ 떠나라

인생은 바로 내가 만들어가는 길이다. 짜여 있는 교육 시스템과 일반 화되어 있는 사회의 규범에 익숙해져서 그것에 길들여져 살아간다면 그 것은 나의 삶이 아닌 시스템적인 삶이 아닐까 생각한다. 가끔은 내가 살 아가고 있는 길에서 조금 떨어져서 새로운 시선으로 나를 바라보자. 보 는 관점이 달라지면 그동안 보이지 않았던 새로운 나를 발견할 수 있으 리라. 고은의 시처럼 그동안 익숙해져 있는 모든 것에서 벗어나자. 그제 야 비로소 진정한 내가 보이고 그 안에서 내가 바라는 나만의 길을 찾을 수 있을 것이다.

2

꿈꾸는 사람은

시련을 두려워하지 않는다

남의 시선과 기준은 장애물이 될 수 없다

중국의 알리바바 회장인 마윈의 실패 경험담은 널리 알려져 있다. 그는 중요한 초등학교 시험에서 2번 실패했다. 중학교 입시 시험에서는 3번 떨어졌고 대학도 삼수를 했다. 취직을 위해선 30번 넘게 실패하며 이력서를 제출해야 했다. 경찰이 되려고 지원했으나 떨어졌다. 패스트푸드점인 KFC에는 총 24명이 지원해서 23명이 합격했는데 떨어진 한 명이 바로 마윈이었다. 그는 말한다.

"실패와 시련이 없었다면 저는 없었을 것입니다. 그리고 오늘의 알리바바도 없었을 겁니다."

막내 누나는 국내 대형 제1금융회사에 근무하고 있다. 어느덧 20년이 넘게 근속 중이다. 3명의 누나 중 체구가 가장 작은 막내 누나는 어릴 때부터 악바리라는 별명이 있었다. 누군가에게 지는 것을 절대 용납할 수 없는 누나는 작은 체구에도 불구하고 반에서 달리기 선수를 도맡을 정도였다. 학창 시절에 학급 임원도 여러 번 맡았다.

중·고등학교 시절 성적이 꽤나 우수했던 누나는 갑작스런 방황을 겪으며 그동안의 본인 평소 실력에 한참 못 미치는 지방 소도시 소재의 대학에 입학했다. 당시 누나들 중 유일하게 지방으로 유학을 떠나는 누나를 보며 어머니는 홀로 눈물도 참 많이 흘리셨다. 작은 체구에 어릴 땐 몸도 허약했던 누나를 기숙사에 혼자 두고 돌아서야 하는 부모의 마음이 오죽했을까 싶다.

고등학교 시절 잠시 방황했던 누나에게 자신이 갑자기 처한 환경이 크나큰 자극이 되었던 것 같다. 비록 원하지 않는 대학에 입학하였으나 그곳에서 본인이 해야 할 본업에 충실했다. 4년 내내 장학금을 놓치지 않았고 학생회 임원도 역임했다. 잠시 방황하기 전의 누나의 모습 그대로였다.

대학 내내 우수한 성적에 교내 활동도 매우 활발하였으나, 대학의 이름은 꼬리표처럼 쫓아다녔다. 하지만 누나는 포기하지 않았다. IMF의 격동기 속에서 누나는 당당히 대형 금융사에 취직했다. 국내 대기업에서 직원을 채용 시 학벌을 우선했지만 쟁쟁한 경쟁자들을 상대로 취업에 합격했다는 것 자체가 대단했다.

누나는 거기서 만족하지 않았다. 더 높은 곳을 향해 본인만의 목표를 세웠다. 집안의 대소사도 함께 챙기면서도 회사 업무에 전념했다. 본인을 끝까지 쫓아다니는 학벌 그리고 대기업 조직 사회에서 여성이 느끼는 유리벽을 뚫기 위해 밤낮으로 노력했다. 과로로 병원에 입원하기도 했지만 조직 내에서는 누나의 실력을 서서히 알아주기 시작했다.

중요한 승진을 앞둔 2년 전 일이 터지고야 말았다. 어릴 때부터 작은 체구에 몸이 약했던 누나는 오랜 기간 쉬지 않고 밤낮으로 일한 탓에 몸이 탈이 나고야 말았다. 승진 심사 기간에 한 달 간 병원 신세를 져야 했다. 승진을 위해 그해 온몸을 던진 결과였다. 그나마 몸이 완쾌되어 퇴원한 것이 식구들로서는 그저 감사했다.

하지만 누나는 너무나 속상해했다. 또래 수많은 동기들 중에서 가장 먼저 과장 승진을 한 누나였다. 그 타이틀을 놓치고 싶지 않았을 것이다. 좋은 학벌이나 조직 내 학연으로 기댈 사람도 없었다. 모든 것을 오로지 본인의 실력 하나로 버텨야 했던 세월이었다. 그 이듬해 병원에 있던 기간까지 만회하려는 듯 안쓰러울 정도로 일에 매진했으나 또다시 승진이 물거품이 되었다.

발표가 있고 한동안 누나는 퇴근 후 집에서 아무 말이 없었다. 방에서 많이 울었던 것 같다. 여자이고 이름 없는 지방대 출신이라는 것, '여기까지가 한계일까'라는 생각도 많았을 것이다. 얼마 뒤 누나는 다시 일어났다. 본인만의 목표가 있기에 다시 시작했다.

승진 발표가 있던 날, 나는 누나의 메시지를 받고 아이들을 부둥켜안으며 소리를 질렀다. 어머니는 끝내 눈물을 보이셨다. 그해 은행장 표창까지 받고 누나의 동기들 중 가장 먼저 부지점장 승진을 이뤄냈다. 이 책을 쓰고 있는 지금, 누나는 여의도에 있는 본사의 중요 부서장으로부터 스카우트 제의를 받고 본인의 거취를 고민하고 있다.

누나에겐 오래되어 색이 바랜 국산 자동차가 있었다. 그런데 얼마 전 그 차를 처분하고 그토록 꿈꿔왔던 중대형 세단의 벤츠를 구입했다. 어머니를 모실 때나 나의 아이들이 등교할 때면 항상 본인의 차를 사용하는 참으로 고마운 누나다.

만일 누나가 당시에 처한 환경 속에 안주하고 몇 번의 승진 누락이라는 시련에서 포기했다면 어떠했을까. 누나의 끊임없는 도전과 열정은 나에게도 시사하는 바가 많다. 본인의 부족한 배경을 만회하기 위해 부단히 노력하며 목표를 향해 뜨겁게 정진하는 누나의 모습은 그 어느 위인들 못지않게 배울 점이 많다. 알게 모르게 생길 수 있는 본인의 단점을 이겨내고 얻은 값진 결실이다.

꿈이 있는 사람은 주저앉지 않는다

고등학교부터 붙어 다니는 어느덧 25년 된 친구가 있다. 천성이 선하고 예의 바른 친구는 25년간 변함이 없어서 좋다. 지난해 나의 가정 문제를 알고 여러 가지로 도움을 주었던 친구다. 여전히 변함없이 나와 아이들을 생각해주는 참으로 고마운 친구다.

현재 이 친구는 높은 직급의 공무원이다. 친구와 같은 공무원인 아주 착실한 아내와 결혼하여 지금은 매우 안정적이고 행복한 삶을 꾸려나가고 있다. 지금과는 달리 함께 옆에서 봐온 친구의 예전 모습은 힘든 시련이 많았다.

한창 공부에 매진해야 하는 고등학교 시절 암으로 아버지를 여의고 형과 어머니 세 식구와 함께 지냈다. 이른 시기에 아버지와 이별한 친구의 모습은 내가 상상했던 것보다 씩씩하고 밝았다. 친구의 시련은 그것으로 끝나지 않았다. 아버지가 하시던 가업을 어머니가 정리하시던 중 아버지와 함께 일하던 아버지의 예전 동료에게 크게 사기를 당하신 것이다. 당시 친구의 어머니는 마땅한 수입이 없으셨고 대학생인 형과 친구도 별다른 방법이 없었다.

결국 살던 집을 처분하고 조그만 아파트로 이사를 해야 했다. 그것으로도 부족하여 당시 명문대생이던 친구의 형이 개인 과외를 하며 조금씩 빚을 갚아나가야 했다. 친구 역시 아르바이트를 해서 받은 월급 전액을 어머니께 가져다 드렸다. 친구가 취직을 하고 나서도 월급의 대부분이 어머니를 통해 사기 당한 빚을 갚는 데 써야만 했다.

빚 상환은 친구가 결혼할 때까지 한참을 이어져야 했다. 본인이 고생하여 벌어들인 월급을 마음대로 사용해보지도 못하고 거의 10년을 사기 당한 빚을 갚는 데 사용하면서도 그 친구는 단 한 번도 얼굴을 찡그리거나 불평을 늘어놓은 적이 없었다. 오히려 둘이 함께 술 한잔할 때면 나의 건강과 진로를 걱정해주었다.

친구에게는 보란 듯 잘살겠다는 꿈이 있었다. 때로는 본인 형과 친척 사촌들의 좋은 학벌에 비교될 법도 했지만 본인만의 목표가 있었다. 친구는 누구와도 비교하지 않고 자신만의 삶을 살아가는 현명함을 터득했다. 오히려 누군가 잘될 때 질투하기보다 진심으로 축하해주는 성품을 가지고 있는 친구이다. 그는 오늘도 계속하여 꿈을 이뤄가고 성장하고 있다. 더불어 본인의 삶의 방식을 아이들에게도 그대로 불어넣어 주고 있다.

만일 우리가 살아가며 닥칠 시련 앞에 시작도 하지 않고 포기한다면 훗날 후회만 남을 뿐이다. 포기하지 않고 계속해서 꿈꾸고 도전한다면 과정 중에 시련은 있더라도 그것은 값진 경험이 되어 나를 꾸준히 성장시켜 줄 것이다. 다른 사람들과 어울려 불평불만만 한다면 닥쳐올 시련에 결코 일어서지 못한다. 반면 분명한 꿈이 있는 사람은 실패와 시련에 대해 불평하지 않는다. 시련은 변형된 축복이라고 하지 않던가. 나 스스로를 정비하고 꿈으로 무장하는 사람, 바로 그 사람에게 희망이 있다고 믿는다.

"시련은 있어도 실패는 없는 거야."

—「국제 시장」 속 정주영 회장

3

거침없이, 후회 없이,

두려움 없이

자기 믿음과 여유로운 마음을 통해 잠재능력을 뽑아내다

스포츠 중계를 보다 보면 경기가 제대로 풀리지 않는 선수들에게 해설자가 종종 몸이 굳어 있다는 표현을 쓴다. 지나치게 긴장하여 본인의 평소 실력을 제대로 발휘하지 못하는 모습을 빗대어 쓰는 말이다. 연습 때는 그렇게도 잘되던 것이 정작 실전에서는 뜻대로 되지 않아 안타까웠던 경험이 한 번쯤은 있었을 것이다.

평소 스포츠를 직접 하고 중계방송도 즐겨 보는 편이다. 간혹 운동경기를 우리의 인생에 빗대어 표현하는 경우가 많다. 여러 가지 예상치 못하게 발생하는 상황이 마치 삶의 축소판 같기 때문이다. 구기 종목 중 볼링은 내가 대학 시절부터 꽤나 즐겼던 스포츠이다. 서울 시내 대학 연합 볼링 대회에서 입상도 했고 사회생활을 하면서도 지역 클럽활동도 했을 정도다.

볼링은 총 10개 프레임으로 구성되어 있다. 10개의 핀을 총 10번 세팅된다는 뜻이다. 각 프레임마다 10개의 핀을 모두 쓰러뜨릴 수 있는 투구의 기회가 각각 2번씩 주어진다. 물론 첫 번째 투구에서 10개의 핀을 쓰러뜨린다면 스트라이크로 처리되어 1개 프레임이 끝난다.

특이하게 볼링은 10번째 프레임에 스트라이크 또는 스페어 처리를 하면 보너스 투구의 기회가 주어진다. 9번째 프레임까지는 각각 두 번의 투구 기회만 주어지는 반면 마지막 프레임인 10번째 프레임은 잘만 하면 3번의 투구를 통해 추가 점수를 올릴 수 있는 것이다. 내가 아는 스포츠 종목 중 보너스 기회를 주는 종목은 볼링이 유일하다.

TV 중계를 지켜보면 보너스 투구가 주어지는 10번 프레임이 재밌다. 10번 프레임 첫 번째 투구에 스트라이크를 쳐서 승기를 잡은 선수들을 보면 나머지 2개의 투구를 모두 스트라이크로 게임을 끝내는 경우가 상당히 많다. 나 역시 볼링 경기를 하면서 10번 프레임을 스트라이크 3개로 마무리한 적이 꽤 많았다. 심지어 10번을 제외하고 앞선 프레임에서 좋지 않은 경기력을 보였는데도 희한하게 10번 프레임에서만 유독 잘 마무리한 경우가 적지 않다.

나는 이것을 보너스 투구에서 오는 긴장 완화라고 생각한다. 경기를 시작하면서는 잘해야겠다는 강박관념으로 몸이 긴장되고 경직되어 있다. 하지만 경기가 마무리되어 결과를 어느 정도 예측 가능한 10번 프레임은 긴장이 완화되고 몸이 가볍다. 심지어 보너스 투구도 주어지지 않는가. '보너스'라는 단어에서 오는 심리적 안정은 생각보다 크다.

골프도 마찬가지다. 1번 홀에서 9번 홀까지의 전반전은 마음처럼 공이 가주질 않는다. 특히 드라이버로 멀리 보내야 하는 티샷이 그렇다. 근데 후반전 특히 16번 홀쯤 되면 거짓말처럼 공이 잘 맞기 시작한다. 퍼팅은 또 어떤가. 중요한 순간에서는 가까운 거리의 퍼팅도 머릿속에 가득 찬 생각과 나만 초조하게 지켜보고 있는 사람들 때문에 홀컵을 비켜 가기 일쑤다.

근데 이미 결정이 나 있는 상태에서의 퍼팅은 심지어 퍼터를 거꾸로 잡고 쳐도 너무나 쉽게 홀컵으로 들어간다. 이런 이유로 골프를 치고 나면 항상 아쉬운 마음이 든다. 이 상태로 18홀을 새로 시작하면 정말 잘할 것만 같은 기분이 든다. 그런데 다음에 골프장을 방문하면 안타깝게도 상황은 마찬가지다.

고객과의 미팅 자리나 여러 사람 앞에서의 발표 자리, 오랫동안 준비한 대회 등 우리는 중요한 상황을 직면하는 경우가 많다. 간혹 이런 중요한 자리에서 좋지 못한 결과가 나오기도 한다. 지나치게 많은 상황을 상상하며 머리가 복잡하고 한곳에 집중하지 못한다. 다른 사람들이 나를 어떻게 평가할지 몰라 자신 없어 하며 주변의 시선에 의기소침해지기도 한다. 주어진 각본만 달달 외운 나머지 예상치 못한 돌발 상황에 이러지도 저러지도 못하기도 한다. 평소처럼만 했어도 훌륭히 해냈을 무대였다. 모두 너무나 잘하려고 했던 것에서 기인한다.

지금 하지 않으면 언제 하겠는가

1997년 IMF의 여파가 남아 있던 2001년 12월에 대학 졸업을 2개월 정도 남기고 첫 회사에서 합격 통보를 받았다. 고등학교 학창시절부터 멘토였던 선생님과의 상담 끝에 기술 영업이라는 직군으로 몇 차례 입사 지원서를 넣은 결과였다. 한국 회사가 아닌 조금 더 폭넓은 사람들과 많은 경험을 얻을 수 있는 외국계 회사들에 주로 지원했다.

첫 번째 지원한 회사에서 서류 전형이 통과하였다는 연락을 받고 실무자 면접을 통과한 후 경영진 면접까지 봤으나 마지막 단계에서 최종 합격 통보를 받지 못하였다. 너무나 아쉬운 마음으로 불합격 통보를 받은 날 저녁에 멘토 선생님과 저녁을 함께했다. 저녁 식사를 하는 중에 선생님이 말씀하셨다.

"이대로 포기할 거야? 어차피 불합격이면 두려울 것도 없잖아. 네 생각을 정리해서 인사 담당자에게 이메일이라도 보내. 뭔가 집념은 보여야 할 것 아니니."

그 말씀을 듣는데 머리끝이 쭈뼛거렸다. 불합격 통보를 받았다고 포기할 수는 없는 일이다. 어차피 밑져야 본전 아닌가. 취업 전선에서 아무리 구직자보다 회사가 갑이라고 해도 불합격 통보를 받은 마당에 뭐가 두려울까 싶었다. 차라리 아무 대응 없이 또 다른 회사를 찾아본다면 그야말로 후회가 많이 남을 것 같았다. 마음이 급해졌다. 빨리 지금 생각나는 마음속 얘기들을 정리하고 싶었다.

서둘러 저녁 식사를 마치고 귀가했다. 그리고 컴퓨터 앞에 앉았다. 심사숙고해서 선택하여 지원한 첫 번째 회사였다. 경영진 면접까지 갔다가 떨어진 것이 못내 아쉽고 그 이유도 알고 싶었다. 이대로 물러나는 것이 비겁해 보였다. 정말 거침없이 그 회사에 하고 싶은 얘기들을 써 내려갔다.

당시의 메일 내용이 남아 있지 않다는 것이 너무나 아쉽다. 기억을 되돌려 보면 구직자에게 매우 일방적인 회사의 태도에 대한 아쉬움으로 시작해서 내가 왜 진실로 그 회사를 지원했는지에 대한 이유를 틀에 구애받지 않고 허심탄회하게 섰던 것 같다. 회사가 진정 바라는 인재에 대한 질문도 포함했다. A4 용지로 한 장을 훌쩍 넘겨서 쓴 것을 적었다. 어느 정도 내 얘기를 풀어서 인사팀 대표 메일로 보내고 나니 속이 후련했다.

그 일이 있고 며칠 뒤 모르는 번호로 전화가 왔다. 내가 지원했던 회사의 인사 팀장이라고 본인을 소개했다. 다시 와서 면접을 볼 수 있겠냐는 연락이었다. 나중에 사실을 알고 보니 인사 팀장님이 내 메일을 읽어보고 회사 임원께 보여드렸다고 한다. 메일을 보고 나를 다시 한 번 만나보고 싶다고 하셨다. 결국 그 회사는 나의 첫 번째 회사가 되었다. 첫 입사하고 회사 임원이 나를 따로 불렀다. 그리고 내가 임원 면접에서 떨어졌던 이유를 말씀해주셨다. 그분은 나중에 내가 아버지 병환으로 피치 못하게 퇴사를 할 때도 따로 면담을 요청하셔서 마지막까지 배려를 아끼지 않으셨다.

내가 비록 몇 년 뒤 그 회사를 그만두었지만 현재 15년째 다니고 있는 두 번째 회사에서도 첫 번째 회사의 직군의 경력을 이어서 근무 중이다. 만일 당시 내가 첫 번째 회사가 달라졌다면 지금의 나도 분명 없었을 것이다.

이스라엘의 현자, 랍비 힐렐은 말한다.

"내가 나를 위하지 않으면 누가 나를 위해줄 것인가? 지금 하지 않으면 언제 할 날이 있겠는가?"

굳이 살아갈 날이 살아온 날들보다 많다는 식의 수식어를 보태지 않더라도 우리의 매 순간은 그 어떤 것과도 비교할 수 없이 소중하다. 이 세상에서 가장 소중한 것은 바로 '나' 자신이고 '나에 대한 가치'이다. 주변 시선을 의식해서 또는 나 스스로에 대한 믿음이 부족해서 망설이거나 시작조차 못하는 경우가 많다. 지금 당장 망설임 없이 시작하자. 거침없이, 후회 없이, 두려움 없이.

『신용 불량자에서 페라리를 타게 된 비결』의 김태광 저자는 말한다.

"시련은 변형된 축복이다."

안일한 일상에 닥치는 시련이야말로 나를 성장시키는 최고의 촉진제이다. 살아오며 겪었던 시련의 경험과 극복기를 적어보자.

4

내 인생의 투자자는
오직 나밖에 없다

주위 시선에 위축되지 말자

간혹 주변에서 이런 얘기를 하는 지인들이 있다.

"네가 그걸 할 수 있겠어?" "정신 나갔어? 그 돈을 들여서 수업을 듣는다고?" "걔는 뭘 해도 안 되는 애야."

심지어 내가 힘들게 얻어낸 결과물에도 고작 그거밖에 못했느냐며 아무나 다 할 수 있는걸 그렇게 애써서 했다고 면박을 주기도 하고 어떤 경우는 아무런 관심조차 없는 지인들도 있다. 우리는 이런 사람들을 '드림 킬러'라고 부른다. 꿈을 위해 정진하면서 한없이 설레는 나에게 찬물을 끼얹는 사람들이다. 때로 저런 말을 들으면 '내가 정말 어리석은 짓을 하고 있는 건가?'라는 스스로에 대한 의심마저 들고 주저앉는 경우도 있다.

나보다는 식구들을 우선시하는 것은 일반적인 가장의 기본자세일 것이다. 나 역시 마찬가지였다. 특히나 아이들이 생기면서 돈을 쓰더라도 아이들이 우선이었다. 아이들 수업비, 학원비, 교재비 등 교육비가 최우선이었고 필수 생활을 제외하고는 모두 저축하였다. 나중을 위한 준비라고 생각했다. 운동을 하고 취미 생활을 하고 싶어도 내 몫으로 돌아올 여유는 많지 않았다. 사회생활을 위해 필요한 사교 활동용 용품들은 최대한 저렴한 제품으로 구입하거나 중고품을 구입하여 사용했다. 아끼는 것이 최선의 방법이라 생각했기 때문이다.

근데 생각을 달리하기 시작했다. 바로 2018년 집사람이 나도 모르게 억대의 부채를 받았다는 사실을 알고 난 이후였다. 급한 대출을 막기 위해 어머니와 누나들에게 염치없이 돈을 빌려 상환했다. 흔쾌히 돈을 내어주는 식구들이 너무나 고마우면서도 나 자신이 한없이 초라하게 느껴졌다.

특히 거액의 돈을 마련하기 위해 어머니가 은행을 방문해서 적금까지 깨시는 모습을 뒤에서 보다가 도저히 지켜보기 어려워 뒤돌아 나온 적도 있었다. 사업을 하는 작은 누나는 수천 만 원을 당일 저녁 바로 나에게 송금해 주었다. 내가 자필로 차용증을 쓰고 인감도장을 찍어서 내어줘도 누나는 받지 않았다.

살던 집을 처분하고 누나에게 돈을 갚으면서 그간의 이자를 계산해서 함께 주었는데 결국 누나는 그 이자를 어머니를 통해 다시 나에게 전달해주었다. 큰 누나와 막내 누나도 마찬가지였다. 식구들의 소중함을 다시 한 번 뼈저리게 느끼는 시기였다.

내가 만 원도 아까워하며 여윳돈을 모두 저축한 결과가 빚더미였다. 억장이 무너지는 듯했다. 그 순간 돈을 억척같이 아끼기만 하는 것이 정답이 아니라는 것을 깨달았다. 나는 마음먹었다.

'그래, 비록 타의에 의해 무너졌지만 다시 일어나기 위해 나에게 투자하자!'

내 인생의 든든한 후원자는 바로 나다

내가 무너지고 처음 나를 위해 투자한 것이 바로 부동산 강의였다. 하지만 가지고 있던 집까지 처분했는데 나는 스스로 무일푼이라고 생각하여 처음에는 퇴근 후 무료 강좌를 찾아다녔었다. 무료 강좌도 들을 만했다. 전혀 새로운 분야에서 강사가 이야기해주는 내용들은 신세계였다.

무언가 나도 그렇게 할 수 있을 것만 같았다. 하지만 강좌가 끝나고 나면 그것으로 끝이었다. 무료 강좌는 대부분 강사가 얻어낸 수익에 대한 결과를 나열하는 방식이었다. 그 방법을 알려거든 유료 강좌를 등록하라는 식이었다. 동기부여는 되었지만 내 것으로 만들기에는 부족했다.

알아본 끝에 찾아낸 것이 바로 '한국경매협회'였다. 망설이다가 상담을 위해 찾아간 그곳 대표님은 내가 지내온 과거의 생활들을 듣고 나에게 울림을 주는 한마디를 하셨다.

"내가 될 때까지 책임지겠습니다!"

그 말은 허튼소리가 아니었다. 강의 과정 내내 밤낮으로 지원을 아끼지 않았다. 내가 열정과 노력을 보이는 만큼 돌아오는 코칭 역시 상상 이상이었다. 처음에는 늦은 밤, 내가 잠이 든 시간에도 메시지를 보내와 나의 부족한 부분을 안내해 주었다. 아침에 일어나 메시지를 확인하고는 깨어 있지 못했던 나 스스로 얼마나 부끄러웠는지 모른다.

과정을 통해서 그전까지만 해도 상상하지 못했던 아파트 2채가 생겼다. 기적 같은 일에 교육 과정을 수료했는데도 여전히 그곳 대표님과 감사한 마음으로 연락을 지속하고 있다. 정규 과정도 아닌 일반 학원에서의 사제 관계를 통해 만난 대표님은 지금도 여전히 내가 달려가고 있는 꿈을 응원해주고 계신다.

내가 첫 번째 아파트를 구입했을 때만 해도 주변에 나의 소식을 알렸다. 기쁨은 나누면 배가 된다고 하지 않았던가. 근데 내 생각과는 달랐다. 주변의 반응은 정확히 2개로 나뉘었다. 진심으로 축하해주는 '드림 서포터즈'가 있는 반면 무조건 부정적인 시선으로 바라보는 '드림 킬러'들이 있었다.

그들은 나에게 '어디서 공부했냐, 강의료는 적당하게 지불했냐, 어디 아파트를 구입했냐, 그곳은 돈만 낭비되는 지역이다, 경매는 섣불리 했다가 네 돈만 더 든다, 있는 돈이나 간수하지 쓸데없는 곳에 돈을 썼다, 기뻐하지만 말고 제대로 잘 봐라.' 등 온갖 부정적인 말로 나를 힘들게 했다.

두 번째 아파트를 받고 나서는 진정으로 축하해주는 어머니와 누나들 외는 아무에게도 말하지 않았다. 어머니는 나의 아파트 구입 소식에 홀로 눈물을 흘리셨다. 하루아침에 집을 처분할 수밖에 없었던 아들 때문에 가슴이 많이 아프셨을 어머니다. 다들 맡은 자리에서 인정받고 있는 누나들과 비교하여 갑자기 바닥으로 떨어진 아들이었다. 아프지 않은 손가락이 어디 있을까.

식구들도 나의 두 번째 아파트는 아무데도 얘기 안 한 눈치였다. 아마도 첫 번째 아파트 소식을 전하면서 그들도 기대와 다른 지인들의 반응에 많은 생각을 했던 것 같다.

나를 위해 부동산을 투자하고 외모도 가꾸기 시작했다. 인생무상을 느끼며 넋이 나간 생활을 해온 지난 몇 개월이었다. 막내 누나는 나를 피부과에 등록시켜 줬다. 얼굴의 인상이 사주를 좌우한다면서 끝내 거부하는 나를 붙들고 본인 비용으로 접수를 해버렸다. 나의 외모에 투자를 하다니 예전에는 있을 수도 없는 일이었다. 매일 자외선 차단제를 바르기 시작한 것도 그때부터였다.

최근에는 '한책협'에서 진행되는 7주 과정의 책 쓰기 강좌를 등록하여 수료했다. 피곤한 월요일 저녁에 진행되는 수업이고 집에 돌아오면 자정이 훌쩍 넘어가는데도 피곤한 줄 모르고 매주 월요일이 기다려졌다. 공동 저서로 『보물상자19』라는 각자의 꿈을 엮은 책도 최근에 발간됐다. 내 이름이 적힌 책이 인터넷 서점과 오프라인 서점에서 판매되어 내 꿈이 이뤄지는 것을 보면서 이것이 꿈인지 생시인지 나조차도 신기했다.

'포미(FORME) 족'이라는 신조어가 있다. Forhealth(건강), One(싱글), Recreation(여가), Morecovenient(편의), Experience(고가)의 영문 앞 글자를 따서 만든 신조어이다. 건강, 여가 생활, 자기 계발 등 자신이 가치를 두는 것에 과감히 투자하는 가치 지향적인 계층을 일컫는 말이다. 대기업을 과감히 그만두고 해외로 훌쩍 배낭여행을 떠나는 것이 더 이상 사회의 주목을 끌지 않을 정도로 나만의 가치에 투자하는 사람들이 늘어나고 있다. 지금 아니면 언제 하겠는가. 꿈을 향하는 나 스스로에 대한 투자를 아끼지 말자. 드림 킬러 속에서 그들과 똑같은 존재가 되지 말고 스스로의 꿈을 향하는 드림 워커가 되자.

'그 누구도 아닌 자기 걸음을 걸어라. 나는 독특하다는 것을 믿어라. 누구나 몰려가는 줄에 설 필요는 없다. 자신만의 걸음으로 길을 가거라. 바보 같은 사람들이 뭐라고 비웃든.'

- 〈죽은 시인의 사회〉 중에서

5

지금부터 행복해지는
연습을 하자

고인물 같은 삶

'마누라와 자식 빼고는 모두 바꿔야 한다.' 이건희 전 삼성 회장이 1993
년에 독일에서 경영진들을 모아놓고 했던 말은 25년이 지난 지금도 여전
히 회자되고 있다. 습관적인 행동과 환경 속에서 타성에 젖어 있지 말고
모든 것을 변화시켜야 한다는 뜻이다. 습관이란 참 무섭다. 출근하면서
나도 모르게 '아휴 지겹다.'라는 말을 종종 했다. 어느덧 그것이 입버릇이
되었었다. 내가 매일 아침 주문처럼 외우는 '지겹다'는 말은 결국 부메랑
이 되어 그날 하루를 무기력하게 만들었다.

독서를 통해 사람이 바뀌기란 정말 어려운 노릇이다. 한동안은 자기 계발서를 즐겨 읽었다. '책을 통해 지금의 삶을 바꿀 수 있을까?' 하는 기대감에서였다. 아침형 인간이라든지 성공하는 사람들의 습관이라든지 참 많은 책을 읽었지만 읽을 때만 잠깐이지 책을 덮고 나면 달라진 것이 없었다. 저자의 성공담을 간접적으로 체험하는 그 이상도 이하도 아니었다.

주위를 보면 나만 그런 것이 아니었다. 오죽하면 어느 대학교수는 정말 바뀌는 게 없을까 하고 본인 스스로 시험한 결과를 엮은 책을 냈을까. 책마다 나오는 뻔한 얘기들에 어느 순간부터 나는 자기 계발서 코너 근처에도 가질 않았다. 대신에 가벼운 에세이라든지 또는 관심 있는 역사, 문화 코너를 찾았다. 내 생활이 어제와 오늘이 같은 것은 두말할 여지가 없었다.

책이란 매우 일방적이다. 저자가 전달하고자 하는 내용을 저자의 관점에서 적어놓은 기록물이다. 독자는 책의 제목과 목차를 보고 필요하거나 흥미롭다 싶으면 선택하여 읽어가기 시작한다. 대부분 이런 식이다. 흥미에 이끌려 읽고 모두 읽고 나면 책꽂이에 보관하거나 도서관에 반납하는 것으로 끝나버린다. 독자의 관점이 바뀌지 않는 이상 책읽기는 단순한 취미에 지나지 않게 되는 것이다.

지난해 수강했던 경매 수업은 정말 독특했다. 5주에 걸쳐서 진행되는 수업이었는데 과정이 시작되기 전에 준비해야 할 것에 대한 질문에 아무 것도 하지 말라고 했다. 개강까지 남은 약 한 달 동안 가만히 있기가 불안했다. 그래서 부동산 및 경매 관련한 책을 빌려서 독서를 했다. 내가 독서를 하며 지내는 일상생활을 대표님께 공유했더니 절대 수강 전까지 다른 어떤 책도 읽지 말라며 전화가 왔다. 그렇게 정말 아무런 준비 없이 과정이 시작됐다.

내가 수강한 과정은 다른 교육과정과 큰 차이가 있었다. 바로 매주 수업이 끝나면 책을 한 권씩을 추천하는 것이었다. 그것도 내가 한동안 멀리했던 자기 계발서였다. 하지만 책을 추천받았던 당시와 그 이전의 나의 마음가짐은 달려져 있는 상태였다. 이미 크나큰 시련을 겪고 난 이후 매우 절실한 마음으로 교육 과정을 등록했던 나다. 그곳에서 무슨 얘기를 해도 다 받아들이겠노라고 작정을 한 상태였다. 이미 더 잃을 것도 없는 상태에서 나는 그야말로 백지 상태였다. 무엇이든 받아들이기만 하면 됐다.

정말 신기하게도 그런 준비가 되어 있던 나에게 교육 기관에서는 단순히 경매에 대한 기술과 그에 맞는 책을 추천해주는 것이 아니라 의식과 관련된 책을 추천해주었다. 5주 과정이었으니 총 5권을 추천받았다. 매주 주어지는 과제는 책을 읽는 것으로 끝나지 않고 독서 후기를 정리해야 했다. 그와 더불어 긍정의 주문을 하루 10번씩 쓰도록 했다.

지침에 무조건 따랐다. 내가 하지 않을 이유가 전혀 없었다. 매일 아침 그날의 각오를 10번씩 썼다. 마땅히 각오가 떠오르지 않을 때는 단순히 '나는 오늘도 행복한 시간을 보냈다.'라는 식으로 각오를 반복했다. 아침에 눈뜨면서 또는 출근길에 나 스스로 긍정의 각오를 반복했다. 예전에 '아휴 지겹다'고 반복하던 시절이 있었다. 이제는 그런 부정적인 언어 대신에 하루하루를 행복과 긍정의 각오로 바꾸어 반복했다.

추천해주는 책은 가급적 그날 또는 그다음 날 오전까지 모두 읽었다. 책에 대한 독후감을 쓰려니 허투루 읽을 수가 없었다. 필요한 부분은 형광펜과 칼라 볼펜을 이용해서 밑줄까지 쳐가며 읽었다. 그 전에 읽던 자기 계발서는 대충 눈으로 속독하고 덮어버리고 책장에 꽂아버리기 일쑤였다. 그때와는 마음가짐이 달라진 지금이었다.

책을 읽고 나서 책이 전하는 메시지를 후기로 기록하는 동시에 실천하도록 노력했다. 가장 크게 바꾸기 시작한 것이 말버릇이었다. 추천해준 도서가 공통적으로 말하는 것은 끝에서 생각하라는 것이었다. 이미 나의 소망이 이루어진 시점에서 말하라는 의미다. '오늘 행복한 시간을 보내겠다.'라고 하는 대신에 완료한 시점에서 생각하여 '행복한 시간을 보냈다.'라고 말을 바꿔나갔다.

완료되었다고 마음먹는 순간 그 기도는 그대로 이루어진다는 것이 책에서 말하는 메시지였다. 내 책상 앞에 예전부터 '내가 마음먹은 대로 이루어진다.'라고 적어놓았었다. 책을 읽고 나서 제일 먼저 이 문구를 고쳐 적었다. '내가 마음먹은 대로 이루어졌다.' 이미 이루어진 나의 모습에 팬히 기분이 좋고 행복했다.

더불어 달라진 것은 '감사합니다'와 '사랑합니다'를 말로 하든, 글로 적든 반복했다. 모든 것들에 감사하고 내 주변의 모든 것을 사랑한다는 생각을 거듭했다.

교육 과정을 거치면서 나는 3가지를 실천하고 있었다.

첫 번째, 나의 소망을 이미 이루어진 것처럼 완료형으로 표현한다.

두 번째, '감사합니다. 사랑합니다.'라는 표현을 자주 한다.

세 번째, 하루의 각오를 긍정적으로 10번 표현한다.

나는 지금도 내일도 매우 행복했다

책을 읽고서 내가 뭔가를 실천하고 바뀌어간다는 것이 신기했다. 이전에는 있을 수 없는 일이었다. 과거에 나는 내가 가지고 있는 고정관념과 게으름으로 실천조차 하지 않았다. 하루를 긍정적으로 시작하면서 아침 출근길이 더 이상 지겹다거나 괴롭게 느껴지지 않았다. 월요일을 맞이하는 일요일 저녁이 우울하지 않았다. 내가 소망하는 꿈의 목록이 늘어나고 그 목록을 이미 이루어진 것처럼 표현했다. 완료된 시점인 끝에서 생각하면서 좀 더 긴 안목으로 바라보는 여유가 생겼다.

지난여름 어머니와 누나의 설득으로 10일간 아이들과 함께 발리로 여행을 떠났다. 매년 휴가를 내어 함께 여행을 다녔지만 지난 2018년은 집 사람의 사건으로 인해 아무것도 할 수 없었다. 긴 터널이 지나고 2019년 도 역시 마음의 여유가 없어 가지 말자고 했던 나였다. 아이들이 공항과 휴양지에서 너무나 즐거워하는 모습에 가길 잘했다는 생각을 수없이 했다. 오지 않을 것만 같았던 여행의 마지막 날 아이들이 호텔 수영장을 우두커니 바라보면서 너무나 아쉬워하고 있었다. 아빠는 아쉽지 않느냐는 첫째 아이의 질문에 이렇게 말해주었다.

"아쉽지 않다면 거짓말이지. 아빠도 너희들과 이곳에 있는 동안 너무나 행복했어. 근데 집으로 돌아간다는 것도 아빤 너무 설레는데? 집으로 돌아가서도 이곳에서의 시간보다 더 멋진 일들이 있다고 아빠는 믿어. 그리고 오늘이 마지막이 아니기에 아빠는 너희와 더 많이 행복한 시간들을 만들어갈 거야. 아빠 믿지?"

아이들의 얼굴이 거짓말처럼 밝아졌다. 그리고 나에게 본인들의 뒷모습을 카메라로 찍어달라는 주문도 했다.

나는 '이혼남'이다. 이 이름표는 어느덧 1년이 넘게 지났지만 여전히 익숙하지가 않다. 더욱이 아이들을 보면 너무 아프다. 아이들과 함께 식당을 가거나 놀이 공원을 가서 엄마 아빠와 함께 다니는 아이들을 볼 때 속으로 눈물을 훔친 적도 있다. 내가 아이들에게 무슨 짓을 저질렀나 생각하며 미안함이 들 때도 많다. 하지만 스스로 관점을 바꾸고 나의 기존의 생각하는 방식, 태도를 모두 바꿔버리기로 했다. 마누라와 자식 빼고 모두 바꾸라고 이건희 전 삼성 회장이 말하지 않았던가? 우스갯소리로 나는 이제 바꿀 마누라도 없다. 내 모든 것을 바꿔가며 나와 아이들의 행복만 주문하고 실천하고 있다. 나는 지금도 내일도 매우 행복했다!

"'언제 제일 행복했어요?' 누군가 이렇게 물어봤을 때 '그런 기억이 없어요.' 이러면 슬프지만 '며칠 뒤에 제일 행복할 예정이에요.' 그러면 안 슬프잖아.

– 〈풍선껌〉 중에서

반드시 이루어진 주문법을 몇 가지 소개한다.

1. 완료형 말버릇으로 주문한다.

   오늘 나는 즐거운 일만 있을 것이다. (X)

   오늘 나는 즐거운 일만 있었다. (O)

2. 긍정으로 표현한다

   나는 돈을 함부로 지출하지 않겠다. (X)

   나는 돈을 가치 있게 사용하겠다. (O)

3. 구체적으로 주문한다.

   나는 성공한다. (X)

   나는 xx년도 xx월까지 목표한 xx를 이루었다. (O)

4. '감사합니다', '사랑합니다'를 하루에 500번씩 말한다.

   이 말을 반복하면 내 안에 긍정의 기운이 충만해진다.

6

나니까 살 수 있는
삶을 살아라

'나'에 대한 표현을 지적하는 사회

대한민국의 40대 중장년층은 '나'라는 표현이 어색하다. '우리'라는 공동체를 중요시하는 환경에서 자라왔기 때문이다. 한 가정의 가장으로, 몸담고 있는 회사의 일원으로 살아가면서 가정 또는 조직을 먼저 생각하며 어느 순간부터 나 자신의 무게가 책임감에 눌려 그 존재가 무색해지고 있다. "당신은 누구입니까?"라고 물었을 때 내가 속해 있는 소속을 제외하고 오로지 나 자신에 대해 자신 있게 설명할 수 있는가?

첫째 아이는 얼마 전까지 학교 수영 선수였다. 함께 훈련하던 선배 중에 예의 바르고 착실한 형이 한 명 있었다. 얼굴도 잘생긴 아이였는데 특이하게 항상 머리를 다양한 색으로 염색하고 다녔다. 수영장에서는 항상 수영모를 쓰고 있어 몰라봤는데 어느 날 샤워실에서 그 아이의 머리색을 보고는 깜짝 놀랐다.

내가 처음 그 아이를 봤을 때의 머리색은 초록색이었다. 근데 얼마 지나지 않아 무지개 색으로 바뀌기도 하고 본인만의 다양한 색으로 연출하던 아이였다. 내 나이 대에는 보통 어린 학생의 머리색이 다채로우면 왠지 공부도 잘 안 하고 버릇이 없을 것이란 선입견이 있다. 근데 그 아이는 선입견과는 전혀 달랐다. 착실하고 예의 바른 아이였다. 고학년 선배로써 친구들이나 후배를 참 잘 챙기는 것 같았다. 그러다가 중학교로 진학하면서 연락이 뜸해졌다.

얼마 전 첫째 아이와 얘기를 나누다가 그 아이 얘기가 나왔다. 학교 끝나고 집에 오는 길에 그 형을 만났다는 것이다. 나도 몇 차례 얘기 나누던 아이라 그 얘기를 듣고 내가 만난 것처럼 반가웠다. 그러면서 문득 그 아이의 머리색이 생각났다. 나는 첫째 아이에게 물었다.

"그 형 이제 머리 염색 못해서 검은 머리로 다니겠네?"
"아니. 지금은 빨간 머리로 염색했던데? 왜 염색을 못 하는데?"

내 질문에 우리 아이는 이해하지 못하겠다며 물었다. '아참, 요새는 머리 길이도 자율화되었고 교복도 입질 않는구나.' 나는 요즘 학교의 규정을 내가 다니던 약 30년 전과 동일시하는 바람에 아이가 의아하게 생각했던 것이다. 문득 나의 학창 시절이 기억나 아이에게 얘기해주었다.

"아빠가 학교를 다닐 때는 스포츠머리라고 해서 머리를 아주 짧게 하고 다녀야 했어. 선생님들이 아침마다 교문에서 검사하고 머리가 조금이라도 긴 학생이 있으면 가위로 긴 머리를 마구 자르기도 했지."

아이는 너무나 놀라는 눈치였다. 지금의 기준은 그때의 그것과는 너무나 달랐다. 다행이라고 생각했다. 단체 규정에 맞춰 복장이나 외모를 통일하던 그때는 그것이 당연하다고 생각했다. 머리가 잘리더라도 억울한 생각보단 규정을 어겼다는 부끄러움이 더 컸다. 간혹 한 명이 잘못해서 단체 벌을 받으면서도 내가 속해 있는 단체로 공동 책임을 지는 것이라는 선생님의 말씀에 아무런 대꾸도 하지 않았던 시절이었다.

세월이 흘러 지금의 아이들은 화장을 하고 머리를 기르고 심지어 머리를 염색하는 것에 대해서도 나를 표현하는 개성으로 그 자체로 생각하고 있다. 외모를 일률적으로 규제한다는 것 자체를 이해하지 못하는 세대로 변하고 있는 것이다.

간혹 어르신들이 그런 아이들을 바라보며 요즘 아이들 참 걱정이라며 혀를 끌끌 찬다. 자기의 개성을 표출하는 것이 마치 해서는 안 되는 되바라진 행동으로 여기며 사회 표준을 일률적으로 맞추려고 한다.

독일의 철학자 니체는 말한다. "젊은이를 타락하게 만드는 가장 확실한 방법은 다르게 생각하는 사람 대신 같은 사고방식을 가진 사람을 존경하도록 지시하는 것이다."

나 자신을 안다는 것

유럽계 외국 회사를 다니다 보니 유럽에서 직원들이 종종 회의를 목적으로 한국을 방문한다. 내부 회의도 있지만 주로 고객사와의 회의를 위해 차를 운전하여 이동하는 경우가 대부분이다. 시내를 관통하여 서울 외곽으로 운전하다 보면 외국 직원들이 반드시 묻는 질문이 2가지가 있다.

첫 번째는 특정 한국 브랜드의 자동차가 지나치게 많다는 점이다. 이해가 가는 것이 한국에서 그 회사의 자동차 시장 점유율은 거의 80%에 육박한다. 예전보다는 조금 줄긴 했어도 여전히 거의 독과점 시장이다.

두 번째는 다니는 차의 색상이 흰색 아니면 검정색 2가지로 갈린다는 것이다. 우리는 익숙한 모습이지만 새삼스럽게 수긍이 간다. 우리나라의 도로는 흑백이다.

자동차가 남들에게 나를 표현하는 수단이라고 얘기한다. 그런 이유로 남들에게 좀 더 과시할 수 있는 큰 차, 좋은 차를 선호한다. 근데 정작 선택해야 할 때는 매우 대중적인 특정 브랜드를 선택한다. 남들이 모두 선택하는 매우 무난한 흰색 또는 검정색 중에 고민하는 것이다.

운동을 좋아하는 나는 한동안 여러 동호회 활동을 했다. 인라인 동호회, 스키 동호회, 볼링 동호회, 골프 동호회 등에서 활동했다. 근데 어느 순간 더 이상 활동하지 않는다. 여러 사람들과 어울리는 동호회 활동을 하면 특징이 있다. 이른바 '장비병'이다.

모임에서 대화를 이끌어가는 주축은 소위 장비에 돈을 꽤 쓴 회원들이다. 그 주위로 사람들이 몰려 있다. 과장되게 얘기하면 고급 장비로 무장한 회원은 본인의 장비가 어떻게 좋은지 가격이 얼마나 비싼지 일장 연설을 한다. 운동을 하러 온 것인지, 장비 자랑을 하러 온 것인지 이해할 수 없었다. 그런데 그를 선망의 눈빛으로 바라보는 회원들은 어느 샌가 장비를 하나둘 바꿔나간다.

운동 자체를 즐기는 나는 장비에 큰돈을 들이지 않는다. 골프채는 처음 시작할 때 중고로 구매한 매우 저렴한 클럽이었다. 모임이 있을 때마다 내 장비에 대해 농담 섞인 여러 얘기들을 들어야만 했다.

내 스키도 10년이 넘은 오래된 장비였다. 그거로도 충분히 실력을 올리며 즐길 수 있었다. 한동안 오래된 스키로 동호회 활동을 하다가 내 장비와 더불어 브랜드 없는 스키 복장에 대해 여러 차례 조언을 듣고는 더 이상 활동을 할 수가 없었다.

지난해 스키를 타다가 더 이상 정비만으로는 불가능한 수준이 되어 새로 바꾸기로 마음먹었을 때다. 나는 오랜 기간 정든 스키와 함께한 추억을 내가 가입한 카페에 이야기로 풀었다. 별 생각 없이 과거의 추억과 정든 스키를 보내야 하는 아쉬움을 남겼을 뿐인데 나의 글을 본 회원이 따로 연락을 주셨다. 시즌마다 스키를 교체하는 사람들도 많은데 오랜 시간 정을 들이며 스키를 타는 나의 얘기가 공감이 갔다고 하셨다. 그러면서 본인이 타던 괜찮은 스키를 흔쾌히 주겠다고 했다. 너무나 감사했다. 식구들과 함께 드시라고 좋은 베이커리에서 케이크를 주문해서 드렸다.

　한동안 해외 여행객들 중에 등산복을 입었는지 여부로 한국 사람을 구분한다고 했다. 한국에서 유독 명품 가방이 한국 시장 규모 대비 실적이 좋은 이유도 남들과의 일반화 때문이다. 중·고등학생 사이에 유행했던 고가의 패딩도 결국 개성 없는 획일화에 기인한다. 대중 속에서 똑같이 포장되어 있는 나는 대체 어디에 있는가?

　4대 성인 중 한 명으로 추앙받는 소크라테스의 '너 자신을 알라'는 말이 있다. 그의 재판 과정을 책으로 엮은 플라톤의 『소크라테스의 변명』이란 책에 소개되어 있는 말이다. 그는 전국을 돌아다니며 학식이 뛰어나다는 학자, 정치가 등을 만나 대화를 나눈다. 그런데 대화를 나누다 보니 결국 아무것도 알지 못한다는 사실에 놀란다. 결국 자기 자신에 대해 제대로 알지 못하는 그들에게 '너 자신을 알라'고 일침을 가한다.

단체라는 무리에 이끌려 정작 '나'의 존재를 가볍게 여기며 살아왔다. 이제부터라도 나답게 살아가자. 내가 속해 있는 특정 소속의 명함이 아닌 나 자체의 명함을 만들어가는 것은 어떨까.

"나를 둘러싼 장애들을 뛰어 넘지 못할 때마다 부모나 사회 탓을 하지 말고 나답게 자신의 인생을 뛰어넘어야 한다. 그것이 진정한 내 삶의 주인으로 사는 법이다."

— 센다 타쿠야

7

꿈처럼 일하면 현실에서도
꿈같은 일이 벌어진다

나의 꿈 이야기

보통 중요한 일이 있기 전날 밤 '좋은 꿈꾸세요.'라는 덕담을 나눈다. 내가 좋은 꿈을 꾸고 싶다고 해서 그대로 꿈을 꾸는 것도 아닌데도 저런 덕담을 들으면 왠지 좋은 꿈을 꿀 것만 같다. 근데 사실 나는 밤에 꿈을 잘 꾸는 편이 아니다. 꿈을 꿨는데 기억을 못하는 건지 아니면 아예 꿈을 꾸지 않는 것인지는 알 수 없다. 좋은 꿈이 정말 현실이 된다면 얼마나 좋을까 싶다.

나는 2020년을 시작하는 1월 1일을 맞이하면서 너무나도 생생한 꿈을 꿨다. 악몽 같던 2018년에 이어 기적 같은 2019년을 보내고 맞이하는 2020년이었다. 2019년의 행복했던 경험을 함께했던 많은 분들로부터 2020년은 더 많은 기적이 생길 거라는 응원의 메시지를 받았다. 그런 긍정의 기운 덕분인지 평소에 잘 꾸지 않는데 2020년을 맞이하는 1월 1일에 두 눈을 번쩍 뜰 만큼 생생한 꿈을 꾸고는 한동안 멍하게 누워 있었다. 아무에게도 알리지 않았던 나의 꿈을 지금 공개한다.

15년 전에 돌아가신 아버지는 산행을 매우 즐기셨다. 집 근처가 바로 삼각산(또는 북한산)이라 매주 주말이면 산에 오르셨다. 특히 산 초입에 위치한 도선사라는 절이 걸쳐 있는 등산로를 즐기셔서 주말이면 그곳까지 아버지를 모셔다 드렸다.

바로 그 도선사가 꿈에 나왔다. 불교에서는 고인이 되신 분이 좋은 옷을 입고 가시라는 의미에서 옷을 태운다. 꿈속에서 마치 현세의 사람은 아닌 듯한 차림의 몸이 아주 건장한 분이 아주 정성들여 옷을 태우고 계셨다. 잠시 뒤였다. 그 모습을 지켜보고 있는데 어디선가 여러 개의 방울 소리가 들렸다.

소리의 근원지를 따라 고개를 돌려보니 눈이 부실 만큼 화려한 황금옷으로 머리부터 발끝까지 휘두른 4명의 사람이 도선사 대웅전 지붕 위를 걷고 있었다. 그들은 마치 하늘을 나는 듯 처마 위에서 내가 서 있는 도선사 앞마당까지 깃털처럼 사뿐히 내려왔다. 그리고는 황금빛을 내면서 승무를 추었다.

너무나 화려하고 밝은 황금빛을 내뿜으며 추는 춤사위에 마치 황금 가루가 온 사방에 뿌려지는 것만 같았다. 몸을 움직일 때마다 황금으로 만들어진 옷이 서로 부딪히며 '챙챙'거리는 맑은 소리가 났다. 각자 두 손에 들고 있는 방울 소리까지 더해진 환상의 하모니에 매료되어 넋이 나간 채로 지켜보다가 눈을 떴다.

이렇게 화려하면서도 생동적인 꿈은 처음이었다. 게다가 무려 4명의 황금 옷을 두른 분들이 내 앞에서 춤을 추다니 이것이 정말 꿈인가 생시인가 싶었다. 나의 2020년은 그렇게 환상적인 꿈으로 시작했다. 2020년 말이 되어 한 해를 돌아볼 때 지금과는 판이 다르게 성장해 있으리라 생각하며 가슴이 벅찼다. 나는 간절히 믿으면 현실이 된다고 굳게 믿고 있다.

마음먹은 대로 이루어지다

최근에 우연히 '한책협' 김태광 대표의 책을 읽었다. 그가 쓴 『100억 부자의 비밀』에서 그는 그가 힘들게 살아온 어린 시절은 적나라하게 표현했다.

그는 대구의 매우 가난한 시골의 가정에서 태어나 굶기도 여러 번이었다고 한다. 정이 많은 아버지였으나 술을 드신 날이면 가족에게 폭력을 행사하고 도박으로 돈을 날리기 일쑤였다. 결국 김태광 대표의 아버님은 술이 취한 채 농약으로 음독자살을 시도했고 안타깝게도 응급실에서 생을 마감하였다. 갑작스런 아버지의 죽음에 대한 슬픔도 잠시였다. 아버지가 생전에 빌린 온갖 빚으로 여러 금융기관에서 빚 독촉에 시달려야 했다. 그는 기필코 모든 빚을 본인 손으로 갚고 꼭 성공하리라고 각오했다고 한다.

좁은 고시원에서 며칠씩 굶기도 하고 공사장에서 대못을 밟는 큰 부상을 당하면서도 그는 절대 꿈을 잃지 않았다. 시련이 올 때마다 그의 꿈에 대한 각오와 확신은 더욱 단단해져 갔다. 마침내 그는 그토록 바라던 시집을 냈고 에세이와 더불어 자기 계발서도 수없이 출간했다. 수백 군데에서 거절을 당하는 수모를 겪으면서도 그는 본인의 꿈이 적힌 메모지를 항상 들고 다니며 힘들 때마다 그 꿈들을 들여다봤다고 했다. 그의 꿈을 무참히 짓밟고 무시하는 지인들, 소위 드림 킬러들에겐 속으로 이를 갈며 기필코 그 꿈들을 이뤄낸 당당한 모습을 보여주리라 다짐하고 다짐했다.

현재 그는 900명의 작가를 배출했고 본인의 이름으로 출간된 책도 200권이 넘는다. 그가 꿈꾸던 모든 것이 이뤄졌다. 이제는 꿈을 좇는 많은 이들에게 멘토가 되어 코칭을 아끼지 않고 있다. 그는 간절히 꿈을 꾸면 그것들은 반드시 이뤄진다고 말한다. 그것을 이미 달성한 증인이 되어 말하고 있으니 나 역시 믿고 행하는데 주저할 이유가 없다.

나는 2019년을 '기적의 해'라고 부른다. 부끄럽게도 살아오면서 한 번도 나 스스로 그해의 목표를 세우고 그것을 다 이룬 적이 없다. 돌아보면 그저 그런 미지근한 삶을 살아왔다. 하지만 2019년은 달랐다. 2018년의 크나큰 시련을 겪고 난 후 모든 것을 새로 시작해야 했다. 그것은 집사람이 저지른 돈 그것뿐만이 아니었다. 가장으로서 반드시 지켜야 할 한 가정이 처참히 무너졌다. 집 사람이 10년이 넘게 한 거짓말로 내 청춘이 송두리째 사라졌다. 내 자아(自我)의 무너짐이었다.

아이러니하게도 그 덕분에 내가 새로 태어나게 되었다. 힘들어하는 시간 속에서 어느 날 나를 바라보는 관점을 달리하는 순간 그것은 또 다른 기회가 되었다.

"마음먹은 대로 모두 이루어졌다!"

책상 앞 화이트보드에 그 해의 목표들을 한 글자 한 글자 꾹꾹 눌러 적었다. 그리고 그것들을 하루에도 몇 번씩 되새기고 또 되새겼다. 내가 마음먹은 것은 기필코 모두 이루어진다고 굳게 믿었다.

내가 세운 목표를 보고 있노라면 나도 모르게 신났다. 정말로 할 수 있을 것만 같았다. 그렇게 하기 싫던 공부였다. 목표에 첫 번째로 적혀 있던 자격증을 취득하기 위해 공부할 때면 정말 신이 나서 했다. 그것이 그해의 목표이고 꿈이었기 때문이었다. 아이들보다 더 열심히 책상에 붙어 앉아 공부했다. 퇴근하고 밥 먹는 시간을 빼고 내 자리는 항상 책상이었다. 그렇게 공부하여 마침내 취득한 자격증을 받았을 때 성취감과 함께 나도 할 수 있다는 자신감이 생겼다.

'내가 과연 부동산 투자를 할 수 있을까?'라는 생각을 목표에 적으면서도 반신반의했었다. 어느 순간 나는 매주 토요일 분당에 있는 '한국경매협회'라는 부동산 투자 교육기관을 항상 설레는 마음으로 다녔다. 그곳에 들어설 때의 그 향기가 나를 너무나 가슴 뛰게 만들었다. 무섭고 딱딱할 것만 같았던 입찰을 진행하는 법원이 익숙해졌다. 마치 그곳에 내 꿈을 묻어둔 것만 같았다. 내 이름의 집을 가질 수 있다는 설렘으로 하루하루를 보냈다. 2019년을 보내면서 기적처럼 내 소유의 집이 2채가 되었다. 아이들과의 여행도, 그토록 보고 싶었던 오케스트라 공연도 모두 이루어지는 꿈같은 일이 벌어진 2019년이었다.

가슴 벅찬 경험은 중독이다. 한 번 느껴본 그 짜릿한 기분은 도저히 잊을 수 없다. 어느 누가 비웃고 조롱한다 해도 절대 흔들리지 않고 나만의 꿈을 향해 가고 있다. 나에게 일어나는 모든 일이 기적인 것처럼 믿고 내 가슴이 기뻐하는 것들을 적어가고 시각화하고 있다. 보는 것만으로도 설레는데 그것이 이루어질 때의 기쁨과 행복은 더할 나위 없다. 2019년이 '기적의 해'라고 한다면 나에게 2020년은 '꿈같은 해'가 되었다. 나를 위해 황금 춤을 추던 2020년 1월 1일의 꿈이 2020년을 꿈같은 해로 만들어줄 것이다. 꿈이 이루어진 것처럼 일하자. 그러면 분명 현실에서도 꿈같은 일이 벌어질 것이다.

"너에게는 아직 꿈을 이루기 위한 충분한 시간이 있어, 피터팬!"

◁ 내 인생의 주인이 된다는 것 ▷

내가 공동으로 쓴 책『보물지도19』는 꿈을 함께하는 14명의 꿈맥들과 함께 각자가 소망하는 꿈들을 엮었다. 그와 같은 제목인 모치즈키 도시타카의『보물지도』라는 책이 있다. 이 책은 나의 꿈에 대해 적어간 나의 공동 저서『보물지도19』또는 버킷 리스트에서 한 단계 더 나아가 꿈을 시각화하는 방법을 안내하고 있다. 그 방법을 간략히 요약하면 다음과 같다.

실천 효과가 대단하니 꼭 해보길 권장한다. 보물 지도를 만드는 동안의 설렘과 기대는 덤이다.

1. A1 크기의 코르크 보드 또는 그와 유사한 용지를 준비하자.

2. 내가 소망하는 꿈 목록 추려내기

3. 나의 사진 붙이기

4. 꿈이 담긴 사진이나 그림 붙이기

5. 집 안에서 가장 눈에 잘 띄는 곳에 붙여두고 수시로 보기

지속적으로 꿈꾸고 도전하자

책 속에 나오는 나의 이야기를 함께하고 공감해주신 독자들에게 무한한 감사의 말씀을 드린다.

어머니 댁으로 거처를 옮기고 나서 감사하게도 아이들과 함께할 수 있는 공간이 늘었다. 하나는 어머니가 기꺼이 내어 주신 안방에서 함께하는 침실이다. 아이들의 사랑을 느끼고 살갑게 지내기 시작한 것도 침실을 함께 쓰기 시작한 이후부터인 듯하다. 또하나는 공부방이다. 서재에 대한 미련 때문에 억지로 공간을 만들어 아이들과 책상을 나란히 붙였다. 그 공간이 지금은 내가 가장 사랑하는 공간이 되었다.

"아빠, 뭐 하세요?"

원래는 아이들만의 방이 되었을 뻔한 공부방에 내 책상이 함께 하면서부터 이제는 아이들보다 훨씬 더 많은 시간을 내 책상 앞에서 보낸다. 책을 보기도 하고 무언가 생각난 것을 노트에 정성껏 적기도 하고, 좋아하는 책의 꼭지들을 필사하기도 한다. 사랑하는 아이들과 둘러앉아 대화를 나누는 공간이기도 하다. 워낙 공부방에 아이들보다 오랜 시간 앉아 있다 보니 아이들도 뭔가 겸연쩍은지 슬쩍슬쩍 나의 안부를 묻기도 하고 공부를 다 하고 갈 때면 괜히 내 눈치를 보면서 씨익 웃는다. 공부방에서 보내는 시간은 누가 뭐래도 내가 시간을 즐기는 방식이고 나는 그 시간이 참 좋다.

공부방에는 나와 아이들의 꿈 목록이 각자의 책상 앞에 각자의 글씨로 써 있고 목록의 끝엔 본인의 이름과 사인까지 되어 있다. 한 번씩 고개를 들 때면 선명하게 보이는 나의 꿈 목록과 2020년의 목표는 그것을 보는 순간 설렘으로 다가온다. 바로 내가 살아가는 분명한 이유가 되어주기 때문이다.

조만간 나와 아이들이 모여 문자로 되어 있는 꿈의 목록을 좀 더 시각화하기로 했다. 한쪽 벽을 드러내고 그곳에 각자의 꿈의 지도(보물 지도)를 만들기로 한 것이다. 문자를 사진과 그림으로 표현하면 공부방을 드나들 때마다 각자 좀 더 분명하고 쉽게 메시지를 받을 것이고 그것이 실현되는 시간이 앞당겨질 것이다.

　　안전지대(Safety Zone) 이론에 적극 공감한다. 사람들은 그동안 살아온 주변 환경, 사람들, 사회 경력 등 익숙해진 것에 안정감을 느낀다. 그것에서 조금만 벗어나려 하면 극도로 예민해지고 두려움에 몸서리친다. 조금만 용기를 내어 새로운 것에 도전하고 경험하고 공부하여 습득하면 나만의 안전지대는 전보다 훨씬 넓어지기 마련이다. 그야말로 신세계를 경험하면서 느끼는 본인 스스로의 설렘과 뿌듯함은 이루 말할 수 없다.

　　책의 이 부분까지 읽은 독자에게 한 가지 감히 부탁하고 싶다. 타인은 의심할 수 있으되 나 스스로에 대해서는 믿음과 확신만 갖자. 무엇이든 내가 할 수 있다는 자신감을 갖자. 그 믿음과 자신감으로 익숙하지 않은 새로운 것에 도전하자. 이 책을 통해 아주 사소한 작은 것이라도 실천하는 독자들이 생겨난다면 더없이 행복할 것이다. 그것이 여러분을 진정한 삶의 주인으로 만들어줄 것이다.

부디 나의 책을 눈이 아닌 가슴으로 읽기를 기도한다.

마지막으로 사랑하는 가족과 책이 나오기까지 지도해준 '한국책쓰기협회' 김태광 대표님께 무한한 감사를 전한다.